FREIRE
entre nos

A 50 años de
Pedagogía del Oprimido

Jorge Osorio Vargas /Editor

Paulo Freire / Carlos Calvo Muñoz
Silvia López de Maturana Luna
Jorge Osorio Vargas / Rolando Pinto Contreras
Graciela Rubio Soto/ Guillermo Williamson
Adriano Nogueira e Taveira
Alfredo Ghiso / Francisco Vío Grossi

EDITORIAL
UNIVERSIDAD
DE LA SERENA

FREIRE ENTRE NOS
A 50 años de *Pedagogía del Oprimido*
Varios autores / Jorge Osorio, editor

1ª edición: Agosto 2018
1ª reimpresión: Julio 2019

ISBN 978-956-7052-76-9
Editorial Universidad de La Serena
Los Carrera 207 - Fono (51) 2204368 - La Serena
editorial@userena.cl
www.editorial.userena.cl

El contenido de este libro ha sido sometido a referato externo.

Fotografía de portada: www.elpais.com

ÍNDICE

PRESENTACIÓN

Los y las autores/as de los capítulos de este libro se han auto convocado para publicar -con ocasión de los cincuenta años de la publicación de *Pedagogía del Oprimido* de Paulo Freire- algunos de sus textos más sentidos acerca de su trayectoria personal y pedagógica junto a Paulo. Algunos fueron partícipes y socios en proyectos de trabajo junto a él. Otros reconocen relaciones de profunda amistad durante décadas. Y todos/as testimonian la influencia del pensamiento y de la práctica freirianas en sus itinerarios formativos como educadores e investigadores.

Cada capítulo es una reflexión acerca de los planteamientos más relevantes de la obra de Freire, tanto en cuanto propuesta pedagógica crítica, capaz de suscitar un cambio paradigmático en la educación latinoamericana, como del impacto que ésta generó en la vida personal, profesional y política de sus autores/as. En este sentido, podemos decir que este es un libro memorial, que reconoce en Freire una matriz nutricia para pensar sobre la historia reciente de América Latina y los desafíos de los/as educadores/as para contribuir en la construcción de sociedad justas e igualitarias.

El libro es también un aporte al re-mirar la historicidad del compromiso social y político de los/as educadores/as latinoamericanos desde los años sesenta del siglo pasado, de los itinerarios de la rebeldía pedagógica durante las décadas represivas de las dictaduras militares, así como los proyectos de transformación social y paz que han protagonizados los movimientos sociales de liberación y aquellos que ponen en la agenda pública las demandas feministas, ecologistas, de derechos humanos, indígenas y de igualdad de género.

En este sentido, es particularmente significativa la entrevista inédita a Freire que incorporamos en el libro, realizada en Santiago de Chile a principios de los años noventa, en el siglo XX. En ella, Freire cuestiona los socialismos autoritarios e invita a desarrollar nuevas formas de hacer política, desde la vida comunitaria de los sectores populares. Ante el llamado "fin de la historia" y la hegemonía del pensamiento único, consignas tan en boga a inicios de los años noventa, luego de la caída del Muro de Berlín, plantea la necesidad de crear nuevos horizontes de actuación cultural y educativa, donde se expresen los valores propios, culturales y estéticos de los saberes de los pueblos. Con tales expresiones, Freire ratificaba las experiencias, ya en curso en muchos países del continente, orientadas a darle preminencia a la pedagogía del "diálogo de saberes", en cuanto búsqueda compartida de nuevos "inéditos posibles", la particular forma freiriana de llamar a la irrenunciable tensión hacia la construcción de mundos de paz y justicia. Diálogo desde las culturales locales, recuperación de saberes, para que los pueblos protagonicen las democracias e invocación a la esperanza como forma de vida de los/as educadores/as, fueron las consignas de Freire para darle sentido humano profundo al proceso de recuperación política que Chile vivía luego de la dictadura militar.

Reflexionar y conmemorar a Freire es una oportunidad que los/as autores/as desean proponer como una experiencia de convocatoria intergeneracional acerca del sentido actual del saber pedagógico crítico y transformador; una invitación a la confluencia de las capacidades dialógicas de los nuevos movimientos de educación popular y comunitaria así como de los/as educadores/as que trabajan cotidianamente para hacer posible "otra educación" fundada en la inclusión, en el respeto a la diversidad y la resistencia a todo tipo de discriminación.

Freire hizo de la educación el campo de un movimiento cultural, pedagógico y político en el cual todos y todas las personas y comunidades pudiera decir su "palabra", comprender el "mundo" y desarrollar acciones colectivas para democratizar la sociedad, en el sentido de la distribución social del poder y de los saberes. Freire tuvo conciencia de que los/as educadores/as son sujetos procreadores, fecundantes, y les confió, hasta el fin de sus días en la tierra, la tarea de movilizar e inventar palabras con poder. En esta ruta invitamos a leer este libro.

Jorge Osorio Vargas
Valparaíso, septiembre de 2018

1

LA PRESENCIA SUTIL DEL MAESTRO:
LA INFLUENCIA DE PAULO FREIRE
EN MI FORMACIÓN[1,2]

CARLOS CALVO MUÑOZ

Relato autobiográfico de mi relación como joven estudiante de pedagogía con Paulo Freire. Su invitación a un diálogo intenso, apasionado, alegre y lúdico marca en mí huellas indelebles. Me enseña que la educación es conservación y cambio, simple y compleja, inocente y no ingenua, política y siempre inédita en la experiencia de los educandos.

Ante el error, supo rescatarme como futuro educador esperanzado en que educar es posible y no dejó que continuara formándome como profesor repetidor, desencantado e incrédulo sobre mis propias capacidades y las de mis educandos-educadores.

Su ejemplo orienta mi praxis pedagógica y me desafía para aprender desde la emergencia de preguntas inocentes y

---

1. Este artículo está escrito tomando en consideración el trabajo de campo en historia de vida de profesores y profesoras, realizado gracias al Proyecto FONDECYT 1050621/2005: "La construcción sociocultural de la profesionalidad docente: compromiso social, político y pedagógico".

2. "Las ideas centrales de este artículo sirvieron de base para mi presentación sobre mi relación con Paulo Freire que desarrollé en la mesa "El legado de la obra de Paulo Freire para la educación global contrahegemónica", junto a Nita Freire y Donaldo Macedo, con ocasión del "II Congreso Internacional Paulo Freire: El Legado Global", realizado en la Universidad de Minas Gerais, Belo Horizonte, 27 de abril al 1 de mayo del 2018. Igualmente se publicó en Revista Universidad EAFIT, vol. 42, N° 143:32-40, Medellín, Colombia, Julio, Agosto, Septiembre, 2006, ISSN 0120-341X, así como en mi libro *Del mapa escolar al territorio educativo: disoñando la escuela desde la educación*, publicado el 2006 por Editorial Nueva Mirada y luego por Editorial Universidad de La Serena.

no ingenuas de mis estudiantes. Una de ellas, me sugirió uno de los aprendizajes más radicales que he tenido: que la educación consiste en un proceso inédito de creación de relaciones posibles, ni verdaderas ni falsas, las que, si se cumplen ciertas condiciones, permiten que lo posible devenga probable, en tanto cuanto haya alguna chance de ocurrencia; la probabilidad permitirá que algunas de ellas sean practicables, es decir, realizables.

Conocí a Paulo Freire en mi primer año de universidad, mientras estudiaba Filosofía en la Universidad Católica de Valparaíso. La Federación de Estudiantes me envió a Santiago, junto a Teresa Moya que estudiaba Castellano, para que aprendiéramos a alfabetizar con un brasileño exiliado que había llegado recién a Chile. En Santiago nos acogió con su *portuñol* gracioso y nos introdujo en el mundo de la educación. No recuerdo todo el diálogo, pero sí su profundo impacto, gracias al cual dejé de pensar que quería ser psicólogo y opté definitivamente por la educación.

Freire nos enseñó que educar es simple y maravilloso, que requiere dedicación seria y alegre, que somos educadores-educandos y educandos-educadores. Parecía que jugaba con las palabras mientras las ordenaba para sorprendernos. Nos expresaba: no basta decir "educador", pues así se hace invisible o se niega al "educando" que siempre está presente en el educador. También nos enseñó que uno no aprende algo de manera definitiva, sino que siempre "está sabiendo" o, lo que es fantástico, que uno siempre "está ignorando".

Cada regreso vespertino de Santiago a Valparaíso estaba lleno de entusiasmo ante el descubrimiento que educar es sencillo, lúdico y comprometido, que todos somos cultos y que todos hacemos cultura, sin caer en chabacanerías que camuflan discriminaciones y marginaciones. En todo proceso educativo es necesario, aunque insuficiente, que el otro "aprenda a decir su palabra" sin charlatanería ni activismos. Aún recuerdo a aquel basurero del libro *La educación como práctica de la libertad* (Freire, 1965), que se descubría culto por ayudar a mantener limpia la ciudad.

Descubrir que la cultura es aquello que hace el hombre y la mujer, analfabeto o letrado, me enraizó y fortaleció definitivamente en el campo educativo.

Ese hombre, que hacía cultura con y desde la basura, nunca supo de mi existencia ni yo supe algo más de él, sólo que era basurero "aprendiendo a decir su palabra". Él nunca tuvo noticias de cuanto ayudó a un joven estudiante de pedagogía a entender lo que es educar. Su "palabra", tan sutil como precisa en la afirmación, impactó en mí, tan suave como radicalmente, al modo como el aleteo de una mariposa provoca una tormenta a miles de kilómetros de distancia (Calvo, 2005). Tanto Freire como el basurero anónimo, hermanados en el diálogo, me enseñaron que educar es eso y nada más. Que la educación es inocencia y no ingenuidad. Que toda la complejidad propia del proceso está encerrada allí, esperando ser develada gracias a la ayuda de un educador.

Años después, ya siendo educador profesional, Paul Siegel, profesor de la Universidad Católica de Chile, nos contó sobre aquel profesor rural que en Curacaví enseñaba música a sus alumnos y que años después cuando regreso a su antigua escuela, escuchó en el camino que sus exalumnos cantaban canciones que él nunca les había enseñado. Este profesor rural, a través de la explicación de Paulo, -¡que curiosa la cercanía lingüística con Paul!-, me sorprendió diciéndonos que no se enseña para que el otro repita, sino para que el otro cree algo nuevo, para que cante canciones que nunca le fueron enseñadas (Calvo, 1989b).

El discípulo no es el que repite al maestro; es aquel que crea y que, por crear, conserva, al modo como la vida se reinventa, cambiando y conservando a cada instante. Por esto, educar es tanto conservación como cambio. Ninguno de esos aspectos predomina ni es preferible *a priori* sobre el otro. Antes de cambiar hay que saber qué conservar en el futuro; para saber qué se conservará a lo largo del devenir se necesita saber para qué se cambiará. Lo que se conserva o cambia es siempre un patrón sujeto a sutiles perturbaciones que se despliegan, como un fractal, a lo largo de un proceso de retroalimentación autoorganizada.

La construcción del futuro, pletórico de mundos posibles,

implica navegar "en un océano de incertidumbres a través de archipiélagos de certezas" (Morin, 1999), para transformar lo posible en probable y lo probable en realizable. En consecuencia, el rol del educador es mediar al educando en la construcción del futuro yendo de lo posible a lo probable y de lo probable a lo realizable. Esta tarea es política e implica compromiso para sortear las infinitas sutilezas que pueden desviarlo.

Sin embargo, no sólo el futuro es posible, sino que el pasado también lo es. El pasado es posible porque el recuerdo lo redefine en la experiencia subjetiva del sujeto. No se trata de que se cambien los hechos, sino que el recuerdo se reconstruya permanentemente. El pasado es un pasado posible porque ahora infiero de las conversaciones que tuve con Freire décadas atrás, ideas y relaciones que con toda seguridad no las conversamos, aunque su germen haya estado esperando las condiciones para desplegar su complejidad. Incluso si las hubiésemos hablado, es altamente probable que mi entusiasmo e inexperiencia juvenil me hubieran llevado por derroteros diferentes y con otra comprensión sobre lo dialogado.

Un ejemplo radical lo constituye nuestra experiencia como alfabetizadores en el Trabajo de Verano, que realizamos las tres universidades porteñas, Católica, de Chile y Santa María. Primero enseñamos a estudiantes como nosotros; después viajamos hacia el sur de Chile y alfabetizamos a varias personas. Cuando fuimos orgullosos y satisfechos a mostrarle nuestro trabajo a Paulo Freire, recuerdo con turbación como se reía de dicho trabajo que, según lo que le relatamos, juzgó mal hecho, mal enfocado..., en fin, según Freire nada hicimos bien, excepto querer enseñar, ser sinceros en nuestros deseos y respetuosos de las otras personas. De hecho, usamos temas generadores urbanos y no campesinos, ni mucho menos propios de la zona. Según él, no podríamos haber cometido más errores juntos. La situación resultó muy embarazosa para nosotros e imagino que también para Paulo, quien sin descuidar advertirnos de nuestros errores, dialógicamente nos mostró por dónde debíamos avanzar.

Esto es importante, pues Freire supo rescatarnos como

futuros educadores esperanzados en que educar es posible y no abandonarnos como futuros profesores desencantados e incrédulos sobre las capacidades propias y las de sus educandos. Considero que ese momento fue crucial en mi vida. Creo que hubiera bastado una crítica mordaz de Freire y mi vida se habría disparado en otra dirección. Tal vez hubiera vuelto a mi intención de estudiar Psicología, o quizás me encaminara hacia la Filosofía para ser de aquellos profesores que culpan a sus alumnos por no aprender de sus clases repetitivas, o quien sabe que habría hecho de mi vida.

Afortunadamente Freire era Freire y no pudo ser hiriente, aunque se rió con gusto, pero sin dañar. Disfrutó lúdicamente de nuestras fallas que le parecieron increíbles, pero al mismo tiempo, nos tomó amorosamente y nos enseñó cómo superar de una vez y para siempre esos errores. Digo: de una vez y para siempre. En ese momento aprendí a educar. De ahí en adelante, tuve que aprender los miles de contenidos y sus infinitas relaciones que habría de enseñar en mi vida.

Años después, una alumna que cursaba primer año de Pedagogía en la Universidad Católica de Temuco (Calvo, 1988), tan inexperta como yo en mis diálogos iniciales con Freire, me escribió en un trabajo que la educación tiene que ver con el poder ser y no con el deber ser. Me conmocionó al leer su afirmación tan precisa como simple y elegante. Fui donde ella a preguntarle por un desarrollo de su afirmación. *No tenía idea. Sólo se le ocurrió.*[3]

Que la educación tenga que ver con el "poder ser" significa que es pura posibilidad, que se va construyendo y retroalimentándose a medida que pasa el tiempo en un movimiento espiral donde la temporalidad lineal no es medular. Se avanza y retrocede, se comprende y se confunde sin fin, porque cada nuevo saber genera infinitas ignorancias. En suma, la educación propende a la libertad a través de bifurcaciones interminables. Es por esto que la educación no puede ser normativa, como tiende a ser la escuela.

El regalo de mi alumna me permitió comprender y definir

---

3. Nunca supe más de ella. Solo recuerdo que era de Antofagasta y que no regresó a la Universidad Católica de Temuco (Chile), al año siguiente.

la educación como el proceso de creación de relaciones posibles y a la escolarización como el proceso de repetición de relaciones preestablecidas (Calvo, 1987a, 1989b, 1990).

Ambas, tanto la educación como la escolarización, esto es, la educación enclaustrada al interior de la escuela, son procesos; sin embargo, el educativo fluye en una espacio-temporalidad histórica cargada de sutilizas emergentes, bifurcaciones y retroalimentaciones, mientras que el proceso escolar se desarrolla dentro de una temporalidad lineal y una espacialidad reducida, mono proxémica, donde todo está previsto tal como debe ocurrir para evitar distracciones y pérdidas de tiempo, a pesar de que nada de eso ocurre en la naturaleza. Gracias a la temporalidad histórica y al espacio multi proxémico (Calvo, 1987a) el proceso educativo es creación pura, ya que permanentemente retroalimenta sus propios procesos. No puede evitarlo.

Por otra parte, tanto la educación como la escolarización son procesos que producen relaciones. Sin embargo, las diferencias entre ellas son fundamentales y cruciales. En el caso escolar, las relaciones no se crean, se repiten -como clones- los contenidos de los libros o de las guías de aprendizaje. Se trata sólo de relaciones preestablecidas que se reiteran. Es evidente que no se trata de cambiar los hechos históricos, ni de negar la estructura de la célula, ni inventar una nueva geometría, sino del modo como se accede a ellos y se recrean.

Las relaciones educativas son inéditas en la experiencia del sujeto, aunque ya estén establecidas por la cultura, la ciencia, el arte, la religión. Son inéditas porque el sujeto vive subjetivamente el proceso de recreación. En un sentido estricto, significa que el estudiante "descubre" lo que ya otros han descubierto; en ese momento y lugar ocurre el *insight* de la comprensión, gracias al cual está en condiciones de descubrimientos serendípicos (Roberts, 1992). Nadie podrá anticipar qué pensará el estudiante porque se trata de relaciones posibles y no de repetición de relaciones preestablecidas.

El educador guía al educando para que sepa establecer criterios que le permitan elegir entre las diferentes posibles relaciones que se pueden establecer, las que podrán ser absurdas, extrañas, factibles, probables, etc. De todas ellas se decantarán las realizables. El educador, una vez que comienza el proceso de creación de relaciones posibles, se retira para que el proceso siga su curso, gracias al cual las ideas germinarán y crecerán en el estudiante, tal como se forma lentamente una gota de agua que cae caóticamente cuando está lista (Gleick, 1998).

Lo anterior muestra que la educación se mueve de lo posible a lo probable y a lo realizable, al tiempo que señala por qué la escuela no puede romper el círculo vicioso de sus resultados miserables. Urge des-escolarizar la escuela, es decir, reinventarla quitándole todo lo que tiene de escolar. En esto, soy tan illichiano[4] como freiriano. A la escuela hay que reinventarla desde la educación. Para hacerlo, tenemos ejemplos extraordinarios en todas las expresiones etnoeducativas del mundo (Calvo, 1983). En este sentido, sólo resta apoyarse en que existe la propensión a aprender y la tendencia a la autoorganización (Calvo, 2004).

La escuela, al escolarizar los procesos educativos, limita las relaciones a aquellas previamente establecidas y sancionadas como adecuadas por los programas escolares, por ejemplo. Esto afecta, entre otros factores, a la evaluación, que se vuelve castigadora y que extiende su imperio más allá de las fronteras de la escuela, hacia una sociedad represora. Por más que se intente lo contrario, la evaluación escolar continúa considerando productos y no procesos y, por consiguiente, castigando de diferentes maneras a los mal evaluados.

Mientras la escuela no se desescolarice seguirá repitiendo relaciones preestablecidas y castigando la equivocación. El día que la escuela, gracias a un cambio paradigmático, y no sólo

---

4. Cuando Iván Illich expuso sus tesis en el Congreso Mundial de Educación Comparada en París, 1984, se le escuchó en silencio, como corresponde, pero fue impresionante el silencio que siguió: nadie le objetó sus planteamientos de desescolarizar la sociedad. Sin embargo, como se acostumbra, en los pasillos la mayoría se manifestaba en contra. Para mí, lo importante tuvo que ver con la fuerza de sus argumentos y la debilidad de sus oponentes. Me dejó una impresión indeleble de orgullo íntimo.

estratégico y metodológico como se hace hoy en día, acepte el error sin castigo de ningún tipo, la creación será posible. Por el momento, en la escuela no hay lugar para la ignorancia porque es considerada una lacra que hay que eliminar.

No obstante, cabe preguntarse ¿cómo se elimina la ignorancia que forma parte constitutiva del propio saber? Basta con que quien sabe pregunte inocentemente lo más insignificante para que su saber se empequeñezca y la ignorancia se agigante. Claro que, si la pregunta es ingenua, hecha para llegar a las respuestas preestablecidas, no hay lugar para la ignorancia educativa.

La relación saber – ignorancia, desde el punto de vista escolar, conduce a la relación lineal entre superficialidad y complicación; en cambio, desde el punto de vista educativo nos lleva a la relación paradojal entre simplicidad y complejidad. Un alumno puede aprender que el agua está compuesta de hidrógeno y oxígeno, pero basta que se pregunte por qué moja, para que la complejidad se despliegue ante sí.

La afirmación "Paulo Freire hablaba portuñol" es superficial para quien no se interese por alguna de sus implicaciones, sea porque no le importe quién es el aludido, sea porque no entienda lo que significa la palabra *portuñol*; sea por lo que sea. Si esta misma persona debe explicar aquella sentencia será una complicación, pues se enredará cada vez más porque no sabrá qué hacer con cada elemento de ella ni con su totalidad.

En cambio, la misma relación será simple para quien se pregunta de qué se trata. Podrá responder que se refiere a un hombre que no hablaba español y tampoco portugués. No importa, si esta u otra respuesta sean correctas o no, pues lo trascendental es que la recrea y no se limita a repetirla. Cuando le pidan que la explique, se podrá preguntar cómo logrará saber quién es o quién fue esa persona que se llamaba Paulo Freire, sabrá a quién le podrá preguntar; a lo mejor, encuentra información en Google o algún amigo sabe algo, etc. Si le afirman que hablaba portuñol, se podrá preguntar quiénes lo hablan, si aquellos hispano hablantes que aprenden portugués o los luso hablantes que aprenden español, o ambos. Es este caso, su saber incipiente y precario se complejiza de manera asombrosa; empero, no hay complicación, pues se guía por preguntas que van construyendo criterios de búsqueda.

En consecuencia, sólo hay complicación y superficialidad cuando la persona no maneja criterios para orientarse. Por el contrario, hay simplicidad y complejidad cuando existen o se inventan esos criterios, sean verdaderos o no. Esa es toda la diferencia. Lamentablemente, como la escuela vive obsesionada por la verdad, se escapa esta verdad tan elemental y simple.

Esta pequeña y sutil diferencia la aprendí de Silvia López de Maturana, quien me introdujo en el pensamiento de Reuven Feuerstein (1988, 1991), donde descubrí cómo complementar y hacer más fructífero el dialogo freiriano.[5] Aprendizaje que integré holísticamente, de una vez y para siempre, a mi formación freiriana. Con su aporte me resultaba mucho más fácil la alfabetización, la preparación de monitores y mi docencia universitaria regular. Había aprendido cómo destrabar las trancas intelectuales que impiden aprender y a construir los puentes para establecer las relaciones posibles. Ahora sabía cómo diferenciar, a nivel de proceso cognitivo, cuándo una relación deja de ser posible para ser probable.

Feuerstein me enseñó que el educador es un mediador que provee "experiencias de aprendizaje mediado" al educando; que se interpone entre el educando y aquello que lo provoca, para ayudarle a comprender que se trata de entregar herramientas conceptuales que le permitan realizar la tarea.

El mediador conjetura como destrabar los nudos ciegos y guiar; además, ha experimentado que la voluntad e intención de enseñar son insuficientes aunque necesarias si no se conoce, comprende y maneja el desarrollo de las funciones cognitivas y de las operaciones mentales, lo que es mucho más que ser diestro en

---

5. Las diferencias entre Feuerstein y Freire para mí son mínimas y complementarias, tal como he tenido oportunidad de comprobarlo a lo largo de mi vida como educador, pero para Alex Kozulin, Director de Investigaciones del ICELP, traductor de Vygotsky al inglés, es poco menos que un insulto herético pretender relacionarlos, tal como me respondió cuando era su alumno en un curso del ICELP en Jerusalén, actualmente Feuerstein Academy (http://acd.icelp.info)

el manejo de una técnica de instrucción.[6] Esta perspectiva aportó un giro a la concepción que tenía sobre la deprivación cultural, hasta ayer concebida como consecuencia de la pobreza, burda y enajenante. Desde esta perspectiva, la pobreza no es *per se* condición de deprivación cultural, sino que es la consecuencia de haber carecido de experiencias de aprendizaje mediado. Es altamente probable que la persona resiliente sea aquella que ha tenido ese tipo de experiencias. En ellas, el sujeto es mediado por el educador, la madre o el amigo a entender el mundo estableciendo relaciones, tomando conciencia de ellas y de sus implicaciones.

De hecho, desde esta perspectiva las respuestas no son lo más importante, pues, aunque sean verdaderas no le son de gran ayuda al sujeto si éste no ha comprendido cuál fue el proceso gracias al cual arribó a ellas. Es por esto que tenemos deprivados culturales entre personas con alta escolaridad, incluso universitaria de postgrado: dirigentes políticos, religiosos, profesionales, artistas, etc.

El proceso es tan simple como complejo porque recupera el carácter educativo de los procesos de enseñanza. El educador y el educando no sólo dialogan políticamente, sino que superan las limitaciones estructurales cognitivas que afectan la comprensión. De esta manera, a cualquier persona se le puede garantizar que aprenderá. Sin duda que hay diferencias, especialmente con aquellos que tienen necesidades educativas especiales, algunas muy severas, que les dificultan ciertos aprendizajes; sin embargo, esto es más bien excepcional y requiere tratamiento especial.

La presencia del maestro es sutil. Se la percibe, pero no agobia. Se sabe que está a la mano, pero deja que uno busque. De este modo, Paulo ha estado presente en mi vida, guiando, orientando, dialogando, pero sin que su presencia me aplaste. Sin em-

---

5. Me he encontrado con alumnas que tienen en su mano una hoja de alguno de los instrumentos diseñados por el ICELP. Al preguntarles qué hacen con ellos, me han respondido que tienen que completar las figuras, y que, cuando no saben hacerlo, la profesora lo completa sin mayor explicación. En este caso, no hay mediación y, más aun, una alteración radical e ignorancia burda del pensamiento y metodología de Feuerstein.

bargo, me preguntaba cómo pensar distinto a Freire, cómo ser yo mismo y no alguien que repite al maestro, no porque él se impusiera, sino porque su presencia es tan luminosa que no deja de iluminar. Pero la luminosidad brillante puede encandilar, ese es el riesgo. Para evitarlo, dejé de leer a Freire por unos veinte años.

Con todo, si había alguna ocasión de hablar con él estaba dispuesto a hacerlo. Tuve algunas oportunidades, pero en ninguna me fue posible encontrarme con él. Durante los años 70 le escribí para trabajar con él en Guinea Bissau y me invitó; sin embargo, las condiciones de esa época hicieron inviable nuestro encuentro. En otra coyuntura, Francisco Vio me convidó a El Canelo y a su casa a escuchar a Freire que venía a Chile al inicio de la posdictadura (ver capítulo 9). No pude hacerlo porque días antes había aceptado conversar con estudiantes de Educación Diferencial de todo Chile que se reunían en un Congreso Estudiantil en la Universidad de La Serena. De mis padres y de Freire había aprendido que un compromiso era un compromiso y que no lo podía deshacer por muchos deseos que tuviera. La otra ocasión fue el año de su muerte. Con Silvia nos preparábamos para participar en el Congreso de Investigación Participativa que se realizaría en Cartagena de Indias. Lamentablemente para todos, Paulo falleció unos días antes.

Si bien lamentaba profundamente esos desencuentros, no me afectaron porque seguía presente en mí. Mientras estaba como profesor invitado en la Universidad de Valencia, España, un día de septiembre de 2000, vi por casualidad, de reojo, el afiche de un Encuentro Internacional sobre Paulo Freire organizado por el Centro de Recursos y Educación Continua —CREC— de la Comunidad Valenciana, dirigido por Pep Aparicio y el Instituto Paulo Freire de Brasil. Al parecer había llegado el momento de reencontrarme con el maestro, fallecido años atrás. Allí pude escuchar a freirianos importantes —Francisco Gutiérrez, Moacir Gadotti, entre otros— hablar sobre la vigencia del pensamiento de Freire.

Mientras los escuchaba, dialogaba con Freire. En ese momento tuve la certeza que durante el tiempo que no lo leí había estado desarrollando mi pensamiento como si hubiera permanecido departiendo permanentemente con él. Freire no me era extraño; por el contrario, muy cercano. Fue como el encuentro de dos amigos que por décadas no se ven, pero cuando se abrazan nuevamente, pareciera que el tiempo hubiese sido nada.

Me sorprendían sus presentaciones y provocaciones dialógicas, al mismo tiempo que me admirada que lo dicho sobre Freire me resultara tan cercano, tan mío, como si fuera lo que yo había estado investigando todos esos años. Me sorprendió descubrir que, aunque separados por miles de kilómetros y por décadas de lectura, Freire siempre siguió guiándome. Quedé impactado y fascinado.

La experiencia en Valencia volvió a repetirse y esta vez en un Encuentro realizado en el ITESO de Guadalajara, organizado por Carlos Núñez y con la asistencia de Alipio Cassali y Ana María Saúl, entre otros. Allí volví a reencontrarme con Freire. En ese momento decidí leer nuevamente todos los libros y publicaciones suyas. Esa lectura significó el encuentro con un amigo de siempre, como si el tiempo no hubiera pasado. Con su compañía dialógica me sentí muy bien. La lectura fue calma y provocadora.

La capacidad de Freire de ir a lo medular de manera directa[7] refrescó mis reflexiones pedagógicas, a la vez que no comprendía a quienes dicen que Freire está obsoleto. En sus textos no encontré nada "nuevo", no porque Freire se repitiera, sino porque yo había llegado autónomamente a esas conclusiones. No se trataba de que coincidiéramos en todo, sino que había complementariedad en nuestros desarrollos sobre la educación. Después de muchos años, maestro y discípulo volvíamos a hacer explícito un diálogo que fue implícito por muchos años.

Freire como educador no me enseñó verdades, aunque era un hombre comprometido y apasionado. Hizo lo que un maestro: me mostró cómo aventurarme por caminos posibles, cómo descubrir los probables y cómo trabajar con los realizables.

____

7. Recuerdo que, siendo estudiante graduado de la Universidad de Stanford, USA, contestó mis requerimientos de orientación para mi tesis doctoral con una sola página, directa, precisa y suficiente.

Bibliografía

Calvo, Carlos (1983). "¿Educación indígena o etnoeducación?", en: *Revista de Educación de Adultos y Desarrollo*, 21, Bonn, Alemania.

Calvo, Carlos (1987a). "Educación v/s escolarización", en: *El Canelo, Revista Chilena de Desarrollo Local*, 2 (2), Marzo. pp. 18-20. San Bernardo.

Calvo, Carlos (1987b). "Haciendo educación y ciencia entre la sabiduría de la incertidumbre y la sabiduría de la certeza", en: *Revista de Tecnología Educativa*, X (1). pp. 33-41. Santiago.

Calvo, Carlos (1988). *Carta a los estudiantes: el recuerdo inocente en la universidad.* Universidad Católica de Temuco: Temuco.

Calvo, Carlos (1989a). "De la utopía a la eutopía", en: *El Canelo, Revista Chilena de Desarrollo Local*, 4 (15), pp. 29-33. Diciembre. San Bernardo.

Calvo, Carlos (1989b). "«… esa canción que no enseñé»", en: *Temas de Educación*, N° 1 y 2, Primer Semestre, pp. 3-18. Universidad de La Serena: La Serena.

Calvo, Carlos (1990). "Las inocentes preguntas del que (no) sabe", en: El Canelo, *Revista Chilena de Desarrollo Local*, 5 (21), Noviembre. San Bernardo, pp. 6-8.

Calvo, Carlos (1993) "El educador para el nuevo mundo". Boletín N° 3, Julio. pp. 15-17. Proyecto Multinacional de Educación Básica (PRODEBAS - OEA y Ministerio de Educación de Chile.:Santiago.

Calvo, Carlos (2002). "Complejidad, caos y educación", en: *Revista de Ciencias de la Educación*, N° 190, abril – junio, pp. 227-245.Madrid.

Calvo, Carlos (2004). "Educació y propensió a aprendre i a ensenyar", en: Aparicio, Pep (ed.). *Ètica, complexitat i formació de persones adultes en una societat planetària,* pp. 71-93. Edicions del CREC: Valencia.

Calvo, Carlos (2005). "La sutileza como germen educacional copernicano", en: Osorio, Jorge (ed.). *Ampliando los límites del Arco Iris: nuevos paradigmas en educación, política y desarrollo*, pp. 245-274. Universidad Bolivariana: Santiago.

Feuerstein, Reuven et al. (1988). *Don't accept me as I am: helping retarded performers to excel*. Plenum: New York.

Feuerstein, Reuven (1991). *Mediated Learning Experience (MLE): theoretical, psychosocial and learning implications*. Freund Publishing House Ltd.: London.

Gleik, James. 1998. *Caos*. Seix Barral: Barcelona.

Morin, Edgar. 1999. *Los siete saberes necesarios para la educación del futuro*. París: UNESCO.

Roberts, Royston. 1992. *Descubrimientos accidentales en la ciencia*. Alianza Editorial: Madrid.

2

CONOCIMIENTO TÉCNICO Y CONOCIMIENTO POPULAR: UNA CONVERSACIÓN EDUCACIONAL

GUILLERMO WILLIAMSON
ADRIANO NOGUEIRA E TAVEIRA

Introducción

Una de las principales afirmaciones de Paulo Freire –a quien homenajeamos en el 50° Aniversario de la que es quizás su obra ícono, fundacional, angular, en su pensamiento educativo: *La Pedagogía del Oprimido* (1970)- es que no existen los "incultos", no existen los "ignorantes", no existen "los que no saben". Todos los seres humanos en proceso de construcción permanente de su humanización, individual y colectiva, son poseedores de una cultura desde lo que ha sido su historia de producción de bienes culturales tangibles y no tangibles, todos saben algo sobre el mundo y no saben sobre otros temas, sabemos-no sabemos del mundo, todos somos sabios sobre algo e ignorantes sobre otros. Todos nos constituimos como seres humanos históricos y conscientes en la medida en que, colectivamente, vamos construyendo una noción de sí mismo –individual, colectivo y territorial- a partir de los sentidos y actos que establecemos con los otros, la naturaleza y la espiritualidad. Freire dice que no hay analfabetos pues todos nos alfabetizamos primero del mundo y de la palabra y luego de la escolarización (Freire y Macedo, 2011).

La Educación de Personas Jóvenes y Adultas (EPJA) establece un escenario de conversación donde los discursos, las palabras, los significados, las formas físicas de la expresión a través del cuerpo adquieren un carácter propio y culturalmente consolidado y situado. Se habla desde sí mismo, desde la memoria guardada e instalada en los territorios sociales, naturales, espirituales y corporales. La EPJA requiere modalidades de metodologías y didácticas particulares, que reconozcan la experiencia concebida como la memoria que moviliza la comprensión del mundo y el actuar consecuente de los sujetos sociales que construyen los aprendizajes construyendo los territorios. El diálogo entre los diversos lenguajes que transitan, se encuentran, se enfrentan, cooperan o coexisten por las voces, los cuerpos, las imágenes y los actos humanos en las comunidades, es el que permite la producción, reproducción y transmisión cultural que, a su vez, es condición de desarrollo de los territorios y en ella de los sistemas escolares y modalidades educacionales. Los jóvenes y adultos en educación fueron una preocupación de Paulo Freire desde sus inicios, asociados a los procesos de concientización, de liberación de las opresiones, de humanización desde la realidad de la exclusión, de politización como conciencia y organización para transformar las condiciones de existencia de la sociedad.

Los atributos de ignorancia, incultura, analfabetismo los ha otorgado la elite dominante desde su memoria, intereses económicos e ideológicos, desde su posición de clase en la sociedad capitalista, respecto de los más pobres, de los excluidos, de los indígenas, del pueblo trabajador o trabajadora, poblacional, pequeño empresario, campesino, juvenil. Pero la visión de las clases dominantes de la sociedad, por muy hegemónica que sea y es, no puede controlar todos los procesos de construcción de sentidos generados por la sociedad desde las relaciones sociales de producción, las cotidianas y de reciprocidad en las comunidades, de las interacciones sociales, culturales y políticas con algunos grados de autonomía respecto de las capacidades de control, represión, seducción, de las fuerzas dominantes. El modo de producción capitalista está consolidado a nivel planetario por la globalización, pero desde lo profundo de la memoria, de los procesos sociales y culturales de los oprimidos, de los excluidos, de los que son sometidos por el poder, emergen fuerzas, energías, ideas, contenidos culturales propios a dichos colectivos, en las condiciones históricas y territoriales de la época que viven que trabajan y luchan por una transformación social, cultural y política desde lo profundo de la sociedad.

Si no hay ignorantes, incultos, analfabetos, es que hay conocimiento y procesos sociales de producción cultural alternativo al modo de producción capitalista que se sustenta en el principio ideológico de las clases dominantes o grupos de poder que presuponen que sólo su cosmovisión e ideología es capaz de explicar la realidad para actuar en el mundo con autonomía y de acuerdo con su voluntad. Hay un saber que se genera desde aquellos que son excluidos de los beneficios del poder y que se reproducen y producen culturalmente en los territorios locales, comunitarios y últimamente virtuales, en los que las personas y las comunidades viven cotidianamente, pero, sobre todo, generan las condiciones y el trabajo necesario para que los territorios se desarrollen con elementos componentes de su cosmovisión, ideas, esperanzas bajo el principio de que "un territorio que aprende es un territorio que se desarrolla" (Williamson, 2017).

A esta cuestión se refiere este texto presentando un debate sobre los procesos de producción cultural del conocimiento técnico en diálogo con el conocimiento de orden social, en el campo de los oprimidos, usando las categorías de Paulo Freire en la *Pedagogía del Oprimido*.

Hace algunos años (2000-2005) llevamos a cabo una investigación acción participativa (IAP) en la ciudad de Ercilla, con apoyo de la Fundación W. K. Kellogg´s[1] (Williamson, Pinkney y Gómez, 2005; Williamson y Gómez, 2004) y en ese contexto invitamos al Dr. Adriano Nogueira, entonces vinculado a la Universidad Estadual de Campinas (UNICAMP) y al Instituto Paulo Freire (Sao Paulo, Brasil) a que nos pudiera enviar un texto que nos sirviera para iniciar un debate pedagógico respecto del

---

1. Experiencias Innovadoras de Gestión Participativa en Educación. (Proyecto Gestión Participativa en Educación-Kelluwün). FUDEA/Universidad de La Frontera/Municipalidad de Ercilla/Fundación W.K.Kellogg Proyecto Iniciativa Comunidad de Aprendizaje, concursado a nivel latinoamericano (I Fase, con F. W. K.Kellogg´s: 1999-2002; II Fase con IIPE/UNESCO-Buenos Aires: 2003-2004). Proyecto DIUFRO Nº 00/116.

fundamento de la IAP. Fue así como nos hizo llegar el texto que estamos reeditando en su contenido central, que presentamos a continuación y luego comentamos.[2] Se trata del registro de una conversación entre los profesores brasileños Adriano Nogueira, A. (quien hizo la transcripción y edición), Paulo Freire, Joana Lopes y Eduardo Sebastiani respecto de la cuestión del conocimiento en el mundo popular, entendido como el mundo de los oprimidos, conceptualización acorde al texto que homenajeamos en esta publicación.[3]

Nos parece relevante y vigente reeditar bajo un nuevo formato el texto original, considerando la temática a la que se refiere la conversación, por ello es que decidimos que ésta sería una oportunidad para difundir más masivamente el contenido de este diálogo entre académicos y al cual se suma Paulo Freire en algunos de sus momentos. La responsabilidad del texto es del autor principal, la de los co-autores se circunscribe a lo que señalan en el texto indicado.

---

2. Se hicieron llegar las autorizaciones correspondientes de la época y también para este texto.

3. El texto que hemos revisado y reeditado formalmente para este capítulo y que debe entenderse contextualizado a la época y al país de referencia, Brasil, fue publicado en el año 2001 según la siguiente descripción editorial:
- Nogueira, A. (Transcripción y edición), Freire, Paulo; Lopes, Joana; Sebastiani, Eduardo (2001) CONOCIMIENTO TÉCNICO Y CONOCIMIENTO DESDE LA CULTURA POPULAR. Formas de saber que se complementan, a partir de una comprensión multicultural de la producción de conocimiento. Proyecto Gestión Participativa En Educación-Kelluwün/ Universidad de La Frontera/Facultad de Educación y Humanidades/Departamento de Educación/Fundación Desarrollo Educacional La Araucanía/Municipalidad de Ercilla/Fundación W. K. Kellogg's (Iniciativa Comunidad de Aprendizaje). ISBN N° 956-236-131-4. Registro N° 122.332. Perspectivas Críticas en Educación N° 1. Proyecto DIU-FRO N° 00/116. Temuco, Región de La Araucanía, septiembre 2001.

I PARTE

Conocimiento Técnico y Conocimiento desde la Cultura Popular. Un debate interdisciplinario crítico: Presentación[4]

Guillermo Williamson

Un tema relevante en América Latina y en Chile, sobre todo para aquellos educadores y educadoras que se encuentran militantemente comprometidos con los procesos de cambio o reforma educacional, asociados a una transformación de la sociedad hacia la justicia social y la democracia participativa, es el del conocimiento. ¿Qué es conocer? ¿Cómo producir conocimiento? ¿Quién produce conocimiento? Son muchas las preguntas que emergen desde el quehacer y reflexionar pedagógico.

Por otra parte, es común el fundamento en los procesos institucionales de cambio educacional, el sustentarse en la noción de que nos encontramos en los albores de una civilización o sociedad del conocimiento, donde la dimensión central de las oportunidades para el desarrollo de las personas y de las sociedades estaría, precisamente, en la capacidad de producir el conocimiento necesario y acceder, seleccionar, reconstruir, manejar y aprovechar el conocimiento disponible que se encuentra diseminado en múltiples modalidades, particularmente de carácter digital, bajo formatos muy variados de acceso, trabajo, comunicación.

Creemos que ello es efectivamente así. Sin embargo, creemos también que es limitado asociar el conocimiento sólo a aquello que se distribuye por medios de alta tecnología, principalmente a una élite académica, científica, empresarial, política, social y en un grado más básico a las mayorías. Hay un conocimiento, hay un saber, hay una producción de ideas e ideales, que se generan en el proceso de construcción social cotidiano de la cultura, en

---

4. Esta parte corresponde a la presentación original del texto (2001), actualizada a la fecha (2018).

cada comunidad, barrio, pueblo o grupo social de referencia y que en gran medida se asocia a la construcción de la solidaridad y la cooperación en la base cotidiana de la sociedad. En esa concepción hay un reconocimiento en que la sociedad chilena debe concebirse como Multicultural Crítica (Williamson, Montecinos [editores]; Sleeter, Grant y Padilha, 2011) y, por tanto, la educación debe adquirir también ese carácter, bajo la forma de una Pedagogía del Pluralismo, de una Pedagogía Intercultural.

El texto que presentamos es un diálogo entre cuatro educadores brasileños, en el que participa el gran educador mundial, latinoamericano y brasileño Paulo Freire. Es un diálogo que se desarrolló hace algunos años en Campinas-SP, Brasil y que fue registrado para servir de documento de análisis para educadores.

La transcripción y organización del texto -revisada por nosotros- es del Dr. Adriano Nogueira, miembro del Instituto Paulo Freire de Sao Paulo, Brasil, quien nos la ofreció para difundirla en Chile. La traducción portugués-español es responsabilidad de Guillermo Williamson C. El texto tuvo la finalidad de discutirlo en los Coloquios sobre "Conocimiento y Participación Social en Educación" organizados y llevados a cabo por el Proyecto Gestión Participativa en Educación-Kelluwün (Ercilla y Temuco, 2 y 3 de octubre de 2000) junto a académicos de la Universidad de La Frontera, supervisores del Ministerio de Educación, miembros del equipo de educación municipal de Ercilla, del Proyecto Kelluwün y docentes vinculados al Proyecto.

El texto discute el tema del conocimiento a partir de la constatación de la corporalidad y de la multiculturalidad en la sociedad brasileña, en las fiestas de Carnaval, al mismo tiempo que analiza la cuestión del conocimiento técnico y la racionalidad occidental, en relación al conocimiento generado en la cultura popular por las comunidades de base, en especial indígena y negra. Este es uno de los ejes de cualquier discusión pedagógica que quiera orientarse a los aspectos sustantivos del cambio educacional que es, precisamente, el del aprendizaje producto de las relaciones sociales que se establecen en la pedagogía y cultura escolar y se expresan en cl currículum.

El texto se construye desde la realidad brasileña, de sus temas, textos y contextos. Lo interesante no es tratar de acomodar a la realidad chilena o de La Araucanía esa realidad, sino, en una perspectiva amplia de intercambios multiculturales, colocarnos en la postura profesional y crítica, de acceder a lo central de las propuestas en lo que contribuye a conocernos mejor, a hacernos preguntas, a pensar en común, a deshacer certezas y prejuicios intelectuales, a pensar que podemos aprender de esta reflexión que estudiamos y discutimos, para cambiar la educación, regionalizar y contextualizar la reforma educacional y transformar la sociedad en su conjunto, a partir de lo que podemos hacer como ciudadanos/as y profesionales educadores/as.

La conversación del texto -porque es eso: una conversación- es entre un educador-filósofo (Adriano Nogueira), un matemático (Eduardo Sebastiani), una artista (Joana Lopes) y ese gran intelectual de la educación liberadora que es Paulo Freire. Es decir, es un esfuerzo de diálogo provocativo de carácter interdisciplinario, un esfuerzo necesario de trabajar y del cual aprender.

El Proyecto Gestión Participativa en Educación-Kelluwün continúa buscando incentivar la reflexión crítica, democrática, intercultural sobre la educación, por eso en una serie "Perspectivas Críticas en Educación", publicamos este texto que esperamos sea hoy, en el año 2018, de utilidad para efectos de la reflexión en coloquios o eventos de reflexión sobre pedagogía crítica, intercultural, popular, para el proceso de innovación en la formación inicial de profesores v para otros ámbitos de reflexión pedagógica.

II PARTE

Conocimiento Técnico y Conocimiento desde la Cultura Popular. Formas de saber que se complementan, a partir de una comprensión multicultural de la producción de conocimiento

Adriano Nogueira, Paulo Freire, Joana Lopes,
Eduardo Sebastiani

Adriano S. Nogueira (AN): Retornamos, una vez más, nuestro hábito de reflexión compartida en la UNICAMP. Mejor, empecemos otra reflexión de aquellas que, con cariño y humor, denominamos "Reflexiones en Grupo". Nos coordina el profesor Paulo Freire, quien nos ha bautizado como "Club de la Rúcula"[5]. Hemos constituido un grupo de reflexión reuniendo personas de distintas formaciones, científicos desde distintos campos del conocimiento. Nuestro anfitrión hoy día es el Departamento de Matemática, donde nos reunimos invitados por el profesor Dr. Eduardo Sebastiani. Nuestro hábito de reflexionar compartido empieza por una "provocación inicial", puesta por alguien del grupo. En la sesión de hoy nos va "provocar" (a la reflexión) la profesora, Dra. Joana Lopes, del Departamento de Artes, Danza y Teatro de la UNICAMP.

Joana Lopes (JL): La temática que sustenta esta "provocación" para nuestra labor, se me ocurrió a partir de observar expresiones de la Cultura Popular, sobretodo la cultura del hombre negro.[6] En expresiones religiosas y en expresiones festivas ese hombre (o esa mujer) baila con frecuencia. Hay danzas, hay movimientos

---

5. Nota del Autor. "Rúcula" es una verdura que acompaña generalmente la "feijoada".

6. Nota del Autor. Con la palabra "negro" se refiere a los afrodescendientes de Brasil sin connotaciones racistas; en Brasil también se usa el concepto de "preto" en vez de "negro".

ritmados... podemos observar un baile que es simultáneamente individual y colectivo. Se podría afirmar que dichos movimientos son una acción espontánea que cumple direcciones precisas. Observen una aparente paradoja: esa expresión es, al tiempo, una improvisación y una prescripción de la tradición cultural.

En su expresión podemos observar armonías que se explicitan a través de pasos individuales y grupales. Piensen ustedes, por favor, en un "ala", es decir: piensen en una parte de la Escuela de Samba que baila y desfila por las calles en el carnaval de febrero. Espontaneidad y dirección se combinan en un "todo armónico". El que baila, el hombre y la mujer, tanto mejor bailan cuanto mejor conjugan acción espontánea y dirección. En mi campo (danza, teatro) a eso le denominamos "elaboración". Eso quiero proponer a nuestra reflexión de hoy.

AN: ... si bien te percibo Joana, tú manejas la noción de evolución con complejidad: es decir, un "ala" de la Escuela de Samba evoluciona en la avenida o en la calle por medio de una densidad del movimiento que presupone creación individual y colectiva, complementando espontaneidad y cumplimiento de herencias culturales antiguas. En una definición más filosófica se podría (quizás) denominar a esa concepción-elaboración como "pensamiento-creación-y conocimiento". Bueno, no tenemos en nuestro idioma una sola palabra para ese conjunto: "pensamiento-creación-y conocimiento": me arriesgo y afirmo algo como... "conocimiento corporal". Mi curiosidad es ¿se podría decir de ese modo? ¿Creen ustedes que logramos captar (aquella elaboración que decía Joana) a través de dichos términos? Mi énfasis está en la corporalidad. La comprendemos como forma de conocimiento cuando (y sí) nos permitimos reflexionar sobre el movimiento y la simultaneidad de saberes. Hay quienes trabajan en eso, creo, en el horizonte de la multiculturalidad.

Eduardo Sebastiani (ES): Me llama la atención eso de saberes inmersos en movimiento, Él/ella que danza, en ningún momento "para a pensar" (como solemos decir) y enseguida planea los próximos pasos. Su cuerpo y su aprendizaje están inmersos en el movimiento armónico. Su cuerpo y su aprendizaje son el movimiento. Sin embargo, como dijo la investigadora Joana, sus pasos de bailarín además de espontáneos, tienen dirección. Es decir: es posible ensayar con apertura... de forma no directiva. De hecho, sabemos que las escuelas de samba ensayan largo tiempo.

JL: Si nos damos cuenta que el grupo de la cultura popular baila según sus concepciones de cultura, expresión y aprendizaje... podremos comprender el rol de lo espontáneo; es en ese sentido que se podría afirmar: el grupo étnico de los negros (en la escuela de samba) es una "elaboración que se mueve", no sólo una expresión cultural sino, además de eso, una concepción de espacio... una forma de pensar lo humano, una noción de la relación entre música-espacio-y-gesto.

AN: Si bien le comprendo profesora Joana, podríamos decir que el cuerpo del danzar avanza rítmicamente y, al hacerlo, va tejiendo (va tramando) articulaciones que son geométricas, son topológicas... y otros tipos más de consideración matemática. No sé qué piensa el profesor Sebastiani sobre eso. El cuerpo bailante hace consideraciones matemáticas no como teorización, en el sentido gráfico y secuencial de la matemática (por ejemplo, del siglo XVIII europeo). Su concepción de orden y de armonía es un ejercerse, individual y colectivo... es una lógica del ritmo que se aventura en un determinado espacio... Es cuerpo, en fin. Cuerpo individual y colectivo. Pienso que ellos logran cumplir una de las características de la creación grupal de conocimiento, es decir, ejercicio individual y colectivo de saberes. Me parece que estamos poco acostumbrados a esa "creación colectiva de saberes". Pensar, actuar y crear no son la misma cosa pero... no ocurren aislados.

ES: Sí, es una experiencia de creación colectiva de conocimiento. Es distinto de la forma clásica tal como hemos aprendido a pensar, a crear y a expresarnos. Según la concepción clásica, el espacio escénico es una pre-concepción coreográfica; todo lo que hacen actores, bailarines y otros agentes es estudiado previamente. Cada relación entre acción-espacio es previamente establecida. Eso ocurre distinto en la cultura popular de esa etnia (pusiste un ejemplo de los negros, en la escuela de samba: después pienso exponer un ejemplo de una aldea indígena, para que lo analicemos).

En la cultura popular de una etnia no completamente occidentalizada el "passista" -el que danza- toma como referencia algo que ocurre, es decir, toma su corporeidad como referencia (como lo subrayó Adriano). Esa referencia, la corporalidad, no es posible obtenerla sin la recurrencia de lo inmediato, es decir, de la acción espontánea... En la matemática podríamos denominar como "referencial móvil" a ese tipo de referencia. Cambia a cada momento.

JL: El "passista" toma la calle (o la avenida) como campo de expresión. Es decir, toma una escena pública como espacio de expresividad. Y lo hace como un saber personal y grupal: ejerce personalmente un saber que evoluciona grupalmente, como "escuela". En ese espacio, se van creando cuadros escénicos. Va cambiando, intentando y afirmando pasos que serían "su eje". Su tema es su cuerpo modulado conforme expresiones individuales que lo armonizan... en un criterio estético.

Véanlo: hay exigencias individuales, hay exigencias que les impone su escuela (su grupo). Por ejemplo: no es posible que existan huecos, espacios vacíos en el desfile de baile; un "espacio vacío" muestra discontinuidad y revela ausencia de suficiente "saber moviente" colectivo. La exigencia de continuidad y contigüidad escénicas son responsables por el "todo armónico" expresivo. Como lo subrayó el profesor Sebastiani, la referencia colectiva impone exigencias de simetría: el que baila tiene a sus vecinos como distancia y parámetro para la expresividad creadora. Atrás, adelante y al lado de cada hombre o mujer hay otra persona "pensando-creando-conociendo" y todo eso él (ella) lo raciocina en una simultaneidad de movimientos. No se puede "parar para pensar y decidir"... se ha dicho aquí. Las decisiones y los pensamientos que sustentan la evolución son parte del mismo movimiento. El conjunto de los cuerpos es un referencial que, observado desde la distancia, expresa armonías "muy sueltas". Me he preguntado muchas veces: ¿cuál sería la naturaleza de ese conocimiento? Me pregunto: ¿es intuitivo? O si sería un conocimiento que opera por imágenes y por proporciones y lejanías.

ES: Con una alumna mía, que logró terminar su postítulo en matemática e intuición, he conversado sobre eso. Se dijo largamente, por siglos, que la intuición no es un conocimiento racional. Ella (intuición) no adviene de elaboración razonable. Entretanto es una expresión bastante humana y por deducción muy simple: todo lo que es humano no se separa del ser racional. Esa calidad de cuestiones nos llevó a discutir el rol y el tipo de influencia de la corporalidad sobre la racionalidad. Es una pregunta sobre el CÓMO se procesa la influencia de una parte nuestra sobre nuestra expresión enterada, no sé si me expreso bien. Utilizo las imágenes y conceptos de la descripción analítica, percíbanlo… añádanme cosas, por favor.

JL: Un primer comentario: yo diría que hay varias dimensiones de raciocinio y lógica, hay varias modalidades de elaboración... actuando simultáneamente...

AN: En los avances de nuestra discusión, de ahora, les pregunto a los profesores si podríamos afirmar algo así: la corporeidad sería una apertura, el funcionamiento del sistema corporal se abre en interacciones con el medio, con el espacio, con otros seres humanos. El cuerpo sería "el locus" en el cual y desde el cual ejercemos nuestra comprensión de los saberes - desde la cultura científica y desde la cultura étnica. A partir de no depreciar a ese "locus", nuestra creación de conocimiento puede ejercerse como cobertura amplia; es decir, el conocimiento creado no es cerrado en su rigurosidad, no es determinista en su historicidad, no se restringe a la metodología que adopta, no se deja encajonar dentro de la empiria en que se elabora. Yo diría, epistemológicamente, que dicho raciocinio mantiene su capacidad de articulación y no se confunde, simplemente, con los contenidos que maneja. El raciocinio mantiene su corporalidad activa, sin reducirse a la expresión abstracta (el concepto); no es suficiente (creo) afirmar que la corporalidad es una forma de raciocinio. Eso es poco si queremos aprender a convivir productiva y democráticamente con la multiculturalidad en la creación de conocimiento. Es decir, estamos tratando de una complejidad...

JL: Según comprendo, ese hombre y esa mujer cuya expresión creadora no abstrae la corporalidad (olvidándola al interior de conceptos) son seres humanos cuya cognitividad es múltiple;

es decir, ellos practican, observan, establecen hipótesis, crean-recrean conocimientos a partir de sabores múltiples. Ese ser humano "discute" consigo mismo y "discute" con otros compañeros la corporalidad de la propia experiencia: al hacerlo, ejerce señas y códigos variables de la comunicación. Cuando, por si acaso, individualmente una persona "se pierde" en su evolución, esa persona percibe que es contexto, ella existe en una simultaneidad de actuaciones… Creo, podríamos afirmar, que lo humano-racional está en medio de todo eso, Avanzando en lo que empezó el profesor Adriano, mi curiosidad sería: ¿qué tipo o de qué calidad es la abstracción que ellos establecen entre sí, en juegos? Cuando uno observa las personalidades famosas, artistas o jugadores de fútbol, gente famosa que se hace invitar para desfilar en la escuela de samba, es fácil percibir que su dificultad es armonizarse, no armoniza…, ellos son el descompás. En ese tipo de participación resulta fácil percibir que los "passistas" son afinados, están concentrados en la intensa desconcentración del juego.

AN: Se podría decir que dichas personalidades famosas son "mal educadas" según la concertación individual-colectiva de esa escuela…

JL: …y más. Yo diría que su creación-expresión resulta demasiado particular, muy artificiosa exigiendo del "maestro de armonía" gran atención sobre ellas… porque frecuentes veces "se pierden"…

AN: Eso nos permite una que otra curiosidad: ¿CÓMO OPERA ese maestro? ¿CÓMO ACTÚA? ¿Cómo es que combina o compatibiliza distintos tipos de operaciones? Sus percepciones son simetrías en construcción, sus observaciones son armonías contraponiéndose en diseños y ritmos, hay colores y alejamientos sintonizándose en consonancia y contrastes… o sea, son operaciones intelectuales-corporales… El matemático Eduardo nos decía hace poco, que su (de ellos) aprendizaje son movimientos. Nosotros, científicos afirmamos que el aprendizaje requiere reflexión (además de movimientos). Así que "juntamos" movimiento y reflexión. Quizás se podría tratar eso de forma distinta a aquella parte de nuestra herencia occidental que lo trató en separado…

ES: Reflexionando a partir de mi presupuesto… expongo mi perspectiva… Nosotros podemos percibir que ellos (maestros de armonía) manejan procedimientos matemáticos. Sus actuaciones realizan aquello que la matemática ha estudiado y sistematizado por otros caminos. Sin embargo… no estoy seguro si podremos afirmar: "ellos están haciendo matemática... Y eso ¿por qué? Porque ellos se preocupan con formalizar según su tradición. Permanece como curiosidad: ¿estarían ellos haciendo geometría? Así lo pregunto porque estoy convencido que la geometría no es propiedad de la única herencia (occidental-griega) a través de la cual conocemos la geometría.

Es una cuestión compleja, fíjense. Nosotros sabemos que las matemáticas no existen sin una cierta racionalidad formal. Sabemos que hay una ancha historia anterior, marcando expresiones como expresión matemática... y tenemos elementos para averiguar que ellos (bailarines) utilizan conocimiento geométrico "a su manera"...

JL: Podemos, si, afirmar que ellos formalizan artísticamente. Es decir, el arte facilita las articulaciones entre campos de concepciones. Quizás por ahí va surgiendo una respuesta a la curiosidad que ustedes formalizan.

AN: ¿Se podría afirmar que el arte articula distintas concepciones, entre distintos campos de percepción? ¿Articula diferentes grados de complejidad según una otra dimensión de universalidad? ¿Sería por ahí?

ES: Si fuéramos nosotros a investigar en el contexto de una escuela de samba... o investigar en el contexto de una tribu indígena, sería posible sacar de aquel contexto un conjunto de procedimientos que se los reconoceríamos como procedimientos matemáticos. Por eso yo decía, antes, que ellos utilizan matemáticas. Investigando el CÓMO lo hacen haríamos una decodificación. No estoy afirmando que la matemática existe completa con nosotros, científicos que, investigando, trataríamos de re-conocerla en otros contextos. A este campo de estudios e investigaciones, a esa forma de actuación científica la estamos denominando ETNO-MATEMÁTICA. Se trata de un quehacer matemático-investigativo que observa los quehaceres de la dueña de hogar... observa prácticas festivas de un grupo negro... considera hábitos religiosos de una etnia indígena... etc. Actúa en contextos no-académicos.

AN: Me permite Sebastiani... tú ejerces tu "reflexividad matemática" (si puedo decirlo en esos términos) sin la postura colonizadora ti través de la cual todos nosotros nos hemos hecho científicos. El acercamiento de la realidad, tal como lo proponen ustedes (etnomatemáticos), es una reflexividad amplia, es decir, busca conducirse a través de la complejidad de las interacciones entre lógicas distintas. Por lo tanto, podemos deducir que las lógicas sí pueden ser universales DESDE QUE las comprendamos en su historicidad constituyente...

JL: Veo un interesante paralelo en lo que ubican ustedes. Un paralelo con lo del Teatro. Los renovadores de la tradición, décadas atrás, nos ofrecieron discusiones así: el Teatro estaría en todas partes... en la calle, en las plazas, en los mercados públicos... en la escuela. Todo es Teatro. Después hubo cambios, generados por dicha postura. Se dijo que podríamos establecer separaciones. El juego dramático se podría constituir de momentos separados: momentos de construir, momentos de observar, momentos de registro, momentos de exponerse a la crítica externa... momentos de dejarse incorporar por espacios institucionales no teatrales (como la cárcel, como la escuela). Y entonces nos vimos buscando una re-concepción del Teatro como totalidad...

AN: Recojo un "enganche" en lo que reflexionas, Joana. Usted va realzando la reflexividad interna, propia de un campo de la cultura... buscando comprensión amplia según referencias universales... según una historia de formalizaciones. Para la filosofía es un avance importante: muy bueno que existan las referencias universales: eso se nos ofrece (a todos los humanos) como un trasfondo común en el que la racionalidad pueda expresarse, no como un cajón... no como modelo impositivo... pero sí como referencia desde un logro históricamente constituido. Se trata de un acervo democráticamente accesible, pertenece a los humanos en su aventura de conocer el mundo viviéndolo cotidianamente...

JL: Sí... hubo trabajos y concepciones en los que elementos del COTIDIANO fueron valorizados. El juego dramático, el teatro espontáneo, los laboratorios en la calle eran considerados como un epifenómeno, algo que emergía del cotidiano. En esos trabajos se creía no necesitar del conocimiento previo... tal como se lo tenía en cuenta a lo previo. O sea, se rechazó la concepción anterior (siglo XIX), que suponía que el hacer teatro se constituía a partir de una "verdad teatral". Dicha "verdad" se la tenía como conjunto de características, reglas y cánones. A partir de esa calidad de crítica obtuvimos algunos de los "ejes-maestros" que impulsan la creación teatral en el siglo XX. Se buscó innovación teatral, como dije, en re-fundaciones renovadoras que tenían al cotidiano presente como alforja y a la historia como herramienta de reconceptualización...

ES: Muy semejante, quizás, en el campo de la producción matemática era la concepción (de fines del siglo XIX) según la cual era matemática solamente aquello que se lograba producir dentro de parámetros lógico- formales. Y no se hacía referencia a una etnología de esa tradición, ni a la historia de constitución de conceptos-base. La fuerte influencia de la postura positivista marcó las matemáticas que, entonces, se definían como ciencia solamente abstracto-formal, lógico-racional...

AN: ...si te comprendo, maestro... hubo un vuelco, una inversión. Es decir, aquello que era instrumento (el abstraer y el formalizar) se convirtió en pre-requisito (corno un cajón): lo que antes era instrumento técnico que auxiliaba la empiria se convirtió en condición previa. Algo que validaba (o no) la experiencia antes que ocurriera la experiencia. O, como quiso Kant, la experiencia se hizo cautiva de categorías previas en la "función regulativa de la verdad". Para el trabajo intelectual hay una cierta seducción en esa postura. ¿Cuál seducción? Me refiero a aquella sensación de que se pudiera penetrar en el centro de la realidad, capturarle a ese centro y, así, avanzar más allá de la confusión dispersiva o conflictiva del cotidiano aparente. Poseyendo la estructura central de los hechos y fenómenos, el intelectual capta el " real-real" más verdadero.

ES: Según entiendo, se proponían cuestiones y problemas

conforme la concepción platónica de verdad virtual, es decir, las ideas ocurren listas y prontas en la realidad. Le toca al Hombre reconocerlas, recogerlas y aprimorarlas según el patrón ideal. Nuestros estudios e investigaciones en esos campos nos han llevado a reflexionar cuestiones como la interdisciplinariedad... o transdisciplinariedad en la creación del conocimiento. Cuando ensanchamos la importancia del contexto sobre la conducción de contenidos curriculares en verdad estamos trascendiendo la disciplinariedad con que cada maestro (maestra) lecciona su asignatura. Esa postura le vuelve más amplia y más fértil las interacciones entre educador-educando y medio ambiente...

AN: ... y más. Eduardo, que para el maestro y para la maestra, ese logro (la interdisciplinariedad en el trabajo intelectual) es importante para las actuaciones del conocimiento técnico... en sus varias interacciones con el saber popular... El conocimiento técnico es instrumental\universal y se relaciona con el saber popular que es instrumental y cotidiano (particular): la interdisciplinariedad sería un trasfondo epistemológico común a ambos.

JL: ...ese énfasis que el profesor Adriano nos comentaba sobre lo de la corporalidad me parece importante para interacciones amplias y fértiles. Dicho en otros términos, se trata de profundizar la emergencia de la subjetividad humana en procesos de construir conocimiento.

ES: Les expongo una situación, algo que me impacto muy a fondo. En las vacaciones largas estuve asesorando una etnia indígena, en la selva, al norte del Brasil. Me invitó una asociación de formación de docentes bilingües. Me llamó la atención una tribu en la región amazónica que se distribuyó en aldeas lejanas unas de las otras: para recorrer toda la tribu son necesarios varios días en barco. Hay ocasiones en que esa etnia realiza sus grandes fiestas, a través de rituales en los que toda la tribu se reúne.

Una gran fiesta se realiza cada año en una de las aldeas y es precedida de visitas en las que la aldea que recibe toda la tribu, establece contactos y distribuye convites. Ese convite me pareció interesante. ¿Cómo ellos construyen ese convite? Lo hacen con pequeñas placas de madera, muchas pequeñas maderitas entrelazadas entre sí con hilos vegetales, como componiendo una tela. El convite es un tejido que se dobla o desdobla, cerrándose o abriéndose. En cada una de las maderitas hay inscripciones que informan: una plaqueta informa sobre el tema de la fiesta... otra informa sobre la aldea que recibe la tribu... otra informa sobre los eventos sociales (matrimonios, juegos. cosechas) que ocurrirán. Observando bien al convite se percibe que es un calendario. Y más que eso, es un mapa social de la etnia... y en esa tradición la cultura de la tribu expresa muchas cosas: un mapa geopolítico, una previsión astrológica, un planeamiento de actividades económicas (cambios y negocios), un menú gastronómico, una forma de educación religiosa a sus jóvenes... etc.

Me acordé de esa creación cultural cuando alguien nombraba lo complejo que son los objetos e interacciones simultáneamente subjetivas y racionales-abstractas. Esa forma de invitación de esa etnia me pareció una creación cultural subjetiva y racional-abstracta, me pareció un instrumento que ensancha y fertiliza las interacciones humanas....

AN: ...acerca de lo que pusimos "sobre la mesa" quería provocar al profesor Paulo Freire, sacándolo de su observación silenciosa y atenta. Él se juntó a nosotros algunos minutos después de que empezáramos...

ES: ...un momentito más les solicito, sobre algo muy particular, quería proponer cuestiones a la intervención de Paulo. Hubo un episodio especial en aquellos días de visita y trabajos con la tribu: sobre ese episodio reflexionamos mucho y quedamos curiosos como le tincaría al maestro Paulo Freire. En aquellos días hubo un eclipse de la luna, eclipse parcial. Estaba con nosotros el físico Carlos Arguello, y se aprovechó del fenómeno físico (eclipse) para colocar comentarios y reflexiones; hizo colocaciones astrológicas, con finalidad geométrica y geográfica. Sabiendo de antemano del eclipse, ese profesor tenía su telescopio portátil. Percibimos un cierto escándalo. O un choque cultural, para decirlo mejor. Para los indígenas la luna es una entidad, es un ser y sus comportamientos lunares no son simplemente un fenómeno físico como lo analizó el físico...

Paulo Freire (PF): Hay un desafío en ese episodio, mis queridos profesores, un desafío para el desarrollo del pensamiento científico. Mi primer comentario sobre eso va en el sentido de la necesaria humildad de la ciencia y del científico. En sus interacciones en la creación de conocimiento y en el compartir el acto de pensar la realidad, el científico no debe ser arrogante; es decir, hay una forma humilde en proponer o enunciar la verdad científica.

Podemos, claro, alcanzar un determinado "producto de la ciencia", como nos decía el otro día el profesor Arguello; ese producto es fruto de un proceso de producción de conocimiento y atiende a determinadas necesidades colectivas. Cuando yo científicamente afirmo: tal fenómeno es así... tal cosa pasa de esa forma... hay un envolvimiento tal que (se podría decir) yo soy parte de la certeza, soy parte del conocimiento enunciado. Así es la cultura de que emergernos: europea, blanca, basada en una cierta racionalidad. Dicha certeza se ensancha, tiene que ver con valores y formas de estar en el mundo. En nuestras sociedades occidentales aquello que se conoció por medio del proceso científico es, en cierta medida, acogido con una forma de creencia... como si fuera un acto de fe. En la circunstancia de actuación, trabajos que ustedes, Eduardo y Arguello, estaban metidos –una tribu- fácil se puede percibir que valores, conocimientos y forma de estar en el mundo son construidos de manera no-científica, ellos construyen conocimiento por otros caminos. En la interacción con esas personas se nos presentan ocasiones de humildad. Es decir, respetando la construcción de conocimiento que "el otro" es capaz de hacer y en eso vivir, el científico encuentra formas de interacción humilde, formas de pensamiento compartido. Fíjense, no estoy proponiendo que el físico se calle, simplemente, que silencie su forma de conocer los comportamientos de la luna. No se trata simplemente de renunciar a la forma de acercarse y conocer la realidad por medio de la ciencia. Pero se trata de una tolerancia en la que la subjetividad de las interacciones cognitivas fluya sin aplastamiento "del otro".

Según la humildad y según la tolerancia (tal como las estoy proponiendo) es posible que el científico participe en interacciones concordando y discordando, problematizando o añadiendo aspectos de observación. Es una forma de participación democrática, me parece. El científico propone, afirma, interviene, pero nunca como desde una fe, esperando que el otro crea afirmaciones y proposiciones... Estoy seguro de la capacidad de diálogo del físico. Carlos: le conozco, sé que no aplastó la argumentación del hombre indio ni tampoco buscó dejarse convertir a la explicación que el conocimiento indígena elaboró sobre la luna... y eso es encontrar formas de pensamiento compartido. Al encontrar formas de pensamiento compartido el científico dialoga. Dialoga con el otro, buscando conocimientos comunes construidos desde pensamientos distintos, Y más, yo diría... el científico dialoga consigo mismo y con su cultura científica a través de la cultura "del otro". JUNTOS y DIALOGANTES ambos conocen la realidad del mundo...

AN: ...teniendo en cuenta que el mundo pertenece a todos. Es un mundo accesible a varios tipos de acercamiento, es decir, no es propiedad del acercamiento científico. Estamos hoy día viendo y viviendo esa cuestión (de la apropiación del mundo) con el problema de las patentes; es decir, desde el norte del mundo algunas pocas empresas (holding) patentan la vida, obteniendo, así, el control microbiológico de muchas especies vegetales. Creo que se trata de una opción por pensar, investigar y producir autoritariamente, imponiendo maneras de decir y definir "qué es el mundo"... "qué es la producción"...

ES: Estoy acordándome de una frase que escuché de Paulo, en otra circunstancia; él nos decía: democráticamente aprendemos a emerger desde el interior de nuestra cultura y empapados de ella miramos a la cultura del otro. Cuando nuevamente nos sumergimos en lo nuestro, seremos distintos. Lo que nos cambia son procedimientos éticos con los que supimos mirar al otro...

PF: Se podría denominar a eso: proceso de convivir en la creación compartida de pensamiento y conocimiento. Es algo más que simplemente intercambio de conocimiento o intercambio de informaciones.

JL: Tal como entendí tu reflexión, profesor Paulo, es la interacción la que le pone criterio y medida a la verdad científica. La cuestión-eje sería: ¿según qué criterio y en qué medida la verdad científica es verdad? Según le entendí, tu reflexión no considera LA VERDAD pero si considera LA INTERACCIÓN como prioridad…

En mi campo de trabajo, el arte, nosotros operamos con elaboraciones fruto de vivencia y subjetividad creadora.... en lo colectivo y en lo individual. En arte el trabajo no se basa en verdades… no se construye a partir de verdades. Lo que usted reflexiona me suena bien…

ES: …en la matemática, permítanme decirlo, hay quienes afirman que uno solamente se mueve y trabaja basándose en verdades universales…

PF: En eso, justamente, yo situaba el tema de la humildad. No es solamente por una cuestión de "ser bondadoso", es más que eso, es por la opción democrática en la creación compartida de conocimiento, Pensar es algo individual … , tiene una importante dimensión personal… pero conocer es algo completamente compartido. Si el científico… pongamos el ejemplo de nuestro viejo conocido Arguello… si el físico no fuera humilde en su actuación compartiendo hallazgos y reflexiones sobre la luna (con los indios de aquella tribu) ¿qué pasaría?, desde un punto de vista educativo ¿qué pasaría?

Si la actuación no es humilde tampoco será solidaria, jamás sabrá compartir democráticamente el conjunto de procedimientos empíricos y didácticos para construir conocimiento. Ese saber científico arrogante desprecia el imaginario "del otro" y, al despreciarle, logra (en la mejor de las hipótesis) transmitir informaciones. El aprendiz, aquel que recibe informaciones en esa calidad de interacciones arrogantes, no se educa. ¿Y por qué no se educa? porque la experiencia educador-educando es una experiencia democrática entre seres humanos distintos... buscando interacciones que faciliten la creación de conocimiento fruto de formas distintas de pensar la realidad.

AN: ...si bien te comprendo, Paulo... la interacción didactiza empirias entre el pensamiento científico y el pensamiento de una etnia (negros o indios): didactizar empirias es un compartir imaginarios.

Quiero decir... el imaginario de una etnia "se suma" o "se mezcla" al imaginario de la ciencia y, por medio del proceder democrático, crean conocimiento. Tú decías: se trata de algo más allá de la simple transmisión de información. Alguien de nosotros dijo, antes, en nuestra conversación: la interacción que busca crear conocimiento realza la expresión de subjetividades. Se valoriza, por tanto, la subjetividad en una especie de juego: desde la individualidad del pensar... se produce acercamiento compartido al mundo. El mundo que influye y determina la sociabilidad no es un "mundo-hecho". En eso, como lo dijo y escribió Paulo Freire en los años 60, se logra aquello de que conocer al mundo es transformar al mundo...

ES: Permítanme añadir algo. Un punto importante en esa reflexión es mezclar o sumar (como recordaba Adriano) referencias e imaginaciones, sin que cualquiera de las partes se reduzca o por callarse, o por imponerse... sin que una parte se imponga sobre la otra se produce convivencia de saberes. Y en eso veo un problema. Me explico: es bastante común que el gobierno (poder ejecutivo o poder legislativo) le diga a una etnia indígena algo así... el área de propiedad de esa tribu se hará demarcando en tal punto, en tal referencia geográfica, disponiéndose de tantos kilómetros cuadrados... o tantas hectáreas. Véanlo, es una expresión numérica, geométrica. El hombre indígena lo diría muy distinto... el suelo (no la reserva) de la nación a que yo pertenezco es ancha según la medida de andar uno por tres días al poniente, por dos días hacia la montaña "x"... por un día allende el río "y". El conocimiento de esa etnia no sabe medir el mundo por kilómetros o hectáreas. Y no existe convivencia entre distintas medidas. Si el hombre indio[7] quiere mantener su suelo hay que llamarlo "reserva" y tratar de demarcarla conforme el criterio del hom-

---

7. Nota de los autores. En Brasil se usa el concepto de "indio" en portugués para lo que en los países de habla hispana se denomina "indígena" o "pueblo originario"; no necesariamente tiene la connotación negativa que se da en estos últimos.

bre blanco. Si ese hombre o mujer indio (a) quiere colectivizar su producción agrícola o pastoril, le toca "armarse" para exponerse en el mercado de la lógica del hombre blanco. El problema, como les decía, es cuando la tribu nos pide (a los científicos físicos y matemáticos), algo así: nosotros, hombres indios, necesitamos aprender lo matemática de ustedes para defendernos del hombre blanco.: que nos engaña, nos trata con números y medidas que no comprendemos, O sea, el conocimiento se trasformó en arma. Es fácil comprender su lógica, pienso yo.

El problema (a que me refería) se pone para nosotros, los blancos herederos del conocimiento científico; nos toca lograr interacciones democráticas en las que nos expresamos según "lo nuestro" (el pensamiento científico) pero expresándolo no como arma. Nos toca construir comunicación en la que "el otro" tenga mayor respeto por sus herencias. Me explico mejor: es común escuchar en conversaciones con los hombres indios algo así... la aldea indígena que logró poseer una escuela blanca es superior o las otras aldeas que no lo disponen en lo que se refiere a formación escolar, ellos esperan que sus hijos se comporten como blancos disciplinados, es decir, silla en fila, jóvenes calladitos, obediencia disciplinar silenciosa y otros patrones de escolaridad muy formales... que les otorga prestigio y fuerza para armarse...

¿Qué es lo que se pierde? Es algo que, según mi juicio, constituye EL PROBLEMA que nos llamó la atención, Nosotros, científicos, hombres blancos, insistimos muchas veces para que ellos acepten una "pedagogía multicultural". Insistimos que ellos vivan con autonomía una forma de conocer y compartir pensamientos, No es siempre que nos escuchan, muchos de ellos insisten que "la escuela buena" es justamente aquella forma de escuela que criticamos e intentamos trasformar. No sé si logro comunicarme bien... me parece un serio problema...

JL: Algo en particular me suena terrible. Eduardo: "Conocer es sinónimo de armarse"... eso me suena terrible. Somos herederos en esa tradición de interacciones. Me suena que actuamos en parte disculpándonos por ser herederos de una perspectiva tramposa... por lo impositivo. Algo así como actuación desde subjetividades partidas, divididas... mujer india, hija de jefe, compañera de Hernán Cortez por algunos años. Se apasionó por el europeo y tuvo hijos. Sus hijos eran una mezcla, no eran indios-americanos ni eran europeos. Eran "mal-inche"... eran mal embarazo.

AN: Una pregunta importante que construimos podría ser: ¿cuál sería la influencia de esas cuestiones sobre las pedagogías? Por un lado nosotros "nos defendemos", porque somos herederos blancos y occidentales. Y eso lo encuentro legítimo, defendemos los valores del pensamiento científico, pero por otro lado, nuestras interacciones con "el otro" les impregna de ese espíritu guerrero: conocer/armarse/defenderse. Claro... estoy suponiendo que somos críticos, intentamos ser "freirianos" en ciertas posturas-eje, buscamos la democracia como forma de convivir... y no sólo como aparato jurídico-institucional. Si fuéramos "puramente derecha" nos resultaría, quizás, más fácil: aplastar, seducir por medio de la comunicación-información y vaciar la subjetividad del otro en sus experiencias de mundo... o diciendo lo mismo en términos económicos... buscaríamos producir el consumidor globalizado. Pero somos... si me permiten decirlo así... "herederos inconformes en una tradición en la que las interacciones fueron no-democráticas".

Muy interesante ... leemos... o retomamos un pensamiento del poeta-escritor mexicano Octavio Paz. En su "Laberinto de la Soledad" reflexiona sobre el encuentro de la cultura india-americana con la cultura europea... y propone una imagen fuertísima; dice: somos los Hijos de la Malinche. ¿Quién era la Malinche? Como dices Joana, era una hermosa mujer india, hija de jefe, compañera de Hernán Cortez por algunos años. Se apasionó por el europeo y tuvo hijos. Sus hijos eran una mezcla, no eran indios-americanos ni eran europeos. Eran "mal-inche" ... eran mal embarazo.

JL: En esa discusión yo me ubico de forma muy existencial. Les comento esto biográficamente: mi papá era descendiente directo de indios guaranís... y al mismo tiempo, era estudioso de las matemáticas. Mi mamá era descendiente de italianos inmigrantes. En nuestro hogar se impuso la forma blanca y occidental de vivir... pero, algunas veces, me acuerdo de costumbres subversivas. Antes de comprar juegos o muñecas se trataba de buscar construir juegos y tejer muñecas. Si rompíamos algún jueguito, si se dañaba alguna muñequita de inmediato tratábamos de rehacerlo... con nuestras manos. A lo largo de muchos intentos nos formábamos en una cierta habilidad... me acuerdo que mi papá rehacía nuevos cuadernos, tomando las hojas no-utilizadas de viejos cuadernos...

Posteriormente, en la universidad eso me marcó mucho. En mi concepción sobre el Arte... no hay como trabajar separando pensamiento mítico (religión) y abstracción formalizadora (lógicas) en la expresión creativa. Quizás se pueda reconocer en eso elementos teóricos de la interdisciplinariedad o la multiculturalidad...

PF: Somos invitados, mis señores, a pensar y repensar la escolaridad. Somos invitados a rehacer las interacciones en búsqueda de construir conocimientos... desde formas de pensamiento que son y seguirán distintas.

Veo muy importante esa atención a la "biografía del acto de conocer y reconocernos desde nuestras tradiciones"... esa retornada biográfica, como hizo la profesora Joana. No propongo que avancemos en eso ahora... ya se cumplió el horario de hoy y nos toca otra forma de compromiso, dentro de pocos minutos más. Pero sí te propongo, Adriano... eres nuestro registro... propongo que en el próximo reflexionar-compartido avancemos a partir de esas cuestiones.

Hoy hay muchas voces proponiendo la reestructuración de la escuela. Estoy completamente de acuerdo que rehagamos la escuela. Entre todos, la reharemos. Como se ha dicho aquí, hay consideraciones muy complejas... como Secretario Municipal de Educación en Sao Paulo[8] he percibido que es bastante comple-

---

8. Esa experiencia de Paulo Freire la publicamos en: Nogueira, Adriano & Wanderlei Geraldi, Joao (Orgs.) (1994). Paulo Freire: una reflexión sobre la Educación, Administración y Política en el Municipio de Sao Paulo, Brasil. Universi-

jo el compromiso institucional de rehacer la escuela. No haremos revoluciones de un martes para el miércoles siguiente. Hay tendencias, hoy, que simplifican demasiado eso de "rehagamos la escuela". A partir de la pura renovación técnica (computadores e informatización), hay quienes piensan rehacer la escuela... despreciando aspectos de su compleja presencia en la sociedad: por ejemplo, la pura informatización me parece que es una forma poco profunda para enfrentar la complejidad de aquel "problema" tematizado aquí con mucha seriedad...

III PARTE
Comentarios a la conversación sobre el diálogo multicultural en la producción de conocimiento

Guillermo Williamson

La rica reflexión generada por las conversaciones nos colocan dos cuestiones interesantes: la importancia de la conversación y del diálogo como método humano de producción social de conocimiento, lo que Paulo Freire levanta a la categoría de método principal de educación y aprendizaje cooperativo; lo segundo es el contenido que se hace cuerpo en las palabras a través de la expresión corporal de los dialogantes. Para los pueblos indígenas de tradición cultural oral, la conversación es el método pedagógico por excelencia, como el nütram y el pentukun en el pueblo mapuche en Chile, que son expresión del lenguaje como vivencia del diálogo, reconocibles en Paulo Freire (por ejemplo, en Pedagogía de la Tolerancia) (Williamson, 2012). En el método, en la expresión, en el lenguaje, en el contenido, la conversación y el diálogo (como sinónimos) sobre la vida y el quehacer propio, los seres humanos se humanizan –en palabras de Freire- y con ello van transformando la realidad y la educación no como acto ca-

---

dad de Talca, Talca. *Serie Estudios N° 8.* (Co-Traducción Guillermo Williamson y Francisca Modesto).

sual sino como método fundamentado. Narra Gabriela Mistral: "Después de la hora del Silabario, yo daba otra de conversación. Incrédula como hoy de la ´pedagogía pura´; recetas de maestros entecos, yo me pondría a hablarles de su propia vida [...]" (Mistral, 2009, 78) pues "hay que comenzar por el conocimiento y acabar por el amor" (Mistral, 2015, 44). La conversación requiere un diálogo de intercambios de visiones sociales de mundo (Löwy, 1988), interculturales (cada cultura contiene una cosmovisión de soporte profundo que le otorga unidad, identidad y articulación a sus partes) sobre la realidad, sus contradicciones, sus relaciones sociales, de clases y de pueblos, sus tensiones y sus sentidos.

El debate interdisciplinario se levanta desde la realidad de las ciencias, en contextos territoriales específicos, para llegar a una comprensión de las posibilidades de modificar el mundo, no como una categoría abstracta –para Freire siempre fue concreto: el mundo de significados y por tanto de existencia individual y colectiva del pueblo real oprimido, de los campesinos, los pobladores, los trabajadores, los profesionales- sino como un mundo real y diverso que se inicia en lo local para proyectarse a lo nacional y lo global y que se define por la diversidad de lenguajes, creencias, cosmovisiones, culturas, visiones sociales de mundo. Como sea que definamos la diversidad de seres humanos que se encuentran y desencuentran, conviven o coexisten, en territorios de los cuales, unos más y otros menos, todos son co-responsables de los Territorios de Aprendizajes Interculturales (Williamson, 2017), a cuya mejor comprensión y conceptualización contribuye este texto. Ello exige una reconceptualización de los escenarios sociales, culturales y políticos en que se establecen los diálogos bajo algunas premisas básicas: nos educamos en territorios históricos que nos hacen sentido y dejan huellas en nuestras memorias espirituales, cognitivas y corporales; nos educamos de muchas formas y modalidades y no sólo escolarizadas; hay más educadores con los que aprendemos en nuestras vidas que sólo aquellos del sistema escolar; el sistema escolar y sus educadores son fundamentales en la transmisión, reproducción y producción cultural, el desarrollo de la conciencia de sí mismo y el conocimiento del mundo; el mundo se expresa en dos dimensiones críticas de la diversidad: la inter o multiculturalidad crítica y la biodiversidad, integrando la espiritualidad propia de los pueblos; si el territorio educa también es educado, por eso expresamos la dialéctica territorial en la consigna a la que nos referimos al inicio de este texto: "un territorio que aprende es un territorio que se desarrolla." (Williamson, 2017).

Lo anterior nos lleva a una reflexión propiamente freiriana respecto de la educación como acto político. Freire señala que la educación es política recogiendo y resolviendo la tensión weberiana entre la vocación política y la vocación científica (Weber, 2000), entre las dimensiones de lo que significa el poder ejercido por el estado (necesariamente con violencia) y el trabajo ejercido por científicos e intelectuales a través de la especialización para el logro de la conciencia de sí y del mundo. Política y conciencia en relación al saber científico (y consecuentemente al curriculum formal) es un debate que surge o se extiende a las universidades pero también al diálogo de éstas con la sociedad civil, con las organizaciones y movimientos sociales populares e indígenas, teniendo como foco de diálogo el conocimiento del mundo, sus necesidades y exigencias de respuestas, como proceso de aprendizaje y desarrollo de la conciencia propia y respecto del otro. La conversación entre saberes científicos especializados (que no siempre deben ser disciplinarios) y saberes populares (que también pueden ser disciplinarios) constituyen, siendo en lo máximo conversaciones políticas y en lo menor, diálogos en un contexto de politización, pues constituyen momentos de construcción y disputas de una hegemonía cultural, necesariamente tensionada dadas las memorias y posiciones de clase o sociales de los dialogantes.

"Nuestra cultura popular es de tradición oral. Esa memoria social se conoce a sí misma desde una estructura oral. Nosotros, los intelectuales, nos formamos dentro de una ruptura de esa tradición, sobre todo el intelectual latinoamericano [...] Y esa, nuestra cultura de énfasis gráfica (libresca) es,

> *muchas veces, superposición sobre la oralidad de los grupos populares [...] es importante no olvidar que hay diferentes modalidades de conocimiento, son también, diferentes usos de la corporalidad" (Freire y Nogueira, 1989:29).*[9]

Hay una cuestión que no ha sido debatida en el diálogo y que de alguna manera queda pendiente, en lo explícito, aunque se encuentra en los sustratos de las conversaciones. Si hablamos de cultura popular ¿qué es el pueblo en las sociedades globalizadas actuales? El planteamiento de Freire (2005) establece dos categorías: opresor y oprimido. Esto ha sido debatido en múltiples publicaciones y foros, dada la complejidad de las relaciones sociales de la sociedad globalizada, en la cual las diferencias y caracterizaciones de clases se han hecho difusas, complejas, diversas, así como las relaciones de poder implícitas y explícitas. Las acepciones ya no son una o dos, en los años sesenta se asumían categorías más o menos genéricas que asociaban "pueblo" a trabajadores y campesinos, a emergentes pobladores y otras capas oprimidas de la sociedad, en el Siglo XXI se ha hecho más compleja la definición y las teorías (Badiou, 2014) por lo que al referirnos a cultura popular, se hace necesario un ejercicio actualizado de análisis que responda a la pregunta ¿Qué es un Pueblo? ¿Qué es el pueblo? De modo a descubrir en su respuesta pistas para responder a la cuestión pedagógica del diálogo entre la cultura popular y la cultura de la escuela y la ciencia dominantes. Complejiza la noción al integrar una categoría diferente de "pueblo" y que se refiere a la demanda indígena por su reconocimiento como naciones y como pueblos.

Si hay algo que se puede extraer genéricamente del texto es que el debate que se inicia en torno a las expresiones artísticas se complejiza en distintas direcciones apuntando a diversas disciplinas o áreas de saberes que aparecen separadas en el sentido común (muchas veces pedagógico propio a un modelo capitalista neoliberal, de mercado, con ofertas especializadas a

---

9. Traducción de Guillermo Williamson C.

grupos particulares de consumidores) pero que el diálogo permite descubrir y construir imbricaciones que sólo el intercambio de palabras corporalizadas con sentido permite descubrir. ¿Arte y etnomatemáticas? Es de lo que se conversa entendiendo que las contradicciones se superan sólo si hay análisis crítico y entendimiento cognitivo y conceptual que permitan construir relaciones fundamentadas entre nociones que aparentemente se presentan al sentido común o a los modelos científicos como independientes: la diversidad cultural y la multiculturalidad crítica, el cuerpo como estar en el mundo y como movimiento y éste como acción direccionada pero al mismo tiempo espontánea, como individuación y colectivización: las matemáticas expresadas en el arte de la danza callejera de colectivos culturales oprimidos desde que se tenga memoria; al mismo tiempo desde la educación intercultural, la etnomatemática (Huencho, 2015), es un espacio desafiante de potencialidad dialógica poco estudiada El desafío es la integración curricular, la generación de una conciencia y un pensamiento activo en relacionar hechos, contenidos, formas aparentemente disociadas, es desvelar las relaciones –de cooperación y de competencia, de ensamblaje y de contradicción- que esconden las luces de la ciudad o las festividades realizadas para la venta de consumidores que quieren saciar un breve deseo de lo diferente.

Vale la pena retomar esa breve síntesis final de Paulo Freire: "Somos invitados, mis señores, a pensar y repensar la escolaridad. Somos invitados a rehacer las interacciones en búsqueda de construir conocimientos... desde formas de pensamiento que son y seguirán distintas. [...] Veo muy importante esa atención a la ´biografía del acto de conocer y reconocemos desde nuestras tradiciones´..." Sin duda que las conversaciones nos invitan, aún más nos convocan y desafían a pensar la escuela a partir del diálogo, la conversación, el debate, la búsqueda de información sobre la realidad para construir sentidos, ideas, significados, herramientas de transformación social concretas que hagan que alcancemos utopías e ideales, sueños y esperanzas de un modo político, social, cultural y pedagógico que en una visión crítica de la educación y orientada por el pensamiento de Paulo Freire, de las teorías y propuestas de la educación latinoamericana, indígena, de la educación popular, de intelectuales críticos son sólo una unidad. Hoy es tiempo de reinventar a Paulo Freire (Gadotti y Carnoy, 2018) para entregar una opción teórica, metodológica y política a los jóvenes educadores populares y profesores que cursan océanos con mareas neoconservadoras, pragmáticas, reaccionarias, discriminadoras y a los que les urge encontrar una corriente por la que naveguen a una utopía inédita pero viable, que les haga sentido a sus vidas actuales y sus proyectos de amor y lucha por un mundo mejor para todos y todas, para el ser humano y la naturaleza, para la vida.

Bibliografía

Badiou, Alan (2014). *¿Qué es un Pueblo?* Lom Ediciones: Santiago.

Freire, Paulo, (2001) *Política e educação: ensaios.* Cortez. (Coleção Questões de Nossa Época; v.23): São Paulo.

Freire, Paulo y Macedo, Donaldo (2011) *Alfabetização: leitura do mundo, leitura da palavra.* Rio de Janeiro, Brasil: Paz e Terra.

Freire, Paulo (2005). *Pedagogía del Oprimido.* Siglo XXI: México DF.

Freire, Paulo y Nogueira, Adriano (1989) Que fazer. Teoria e pratica em educação popular. Editora Vozes: Rio de Janeiro.

Gadotti, Moacir e Carnoy, Martin (2018). *Reinventando Freire. A práxis do Instituto Paulo Freire.* Instituto Paulo Freire, Lemann Center / Standford Graduate School of Education: São Paulo.

Huencho Ramos, A. (2015). Estudio de las Orientaciones curriculares del Programa Intercultural Bilingüe: un análisis emergente en función de la matemática y la cultura mapuche. *Revista Latinoamericana de Etnomatemática*, 8(2), 214-236.

Löwy, Michael (1988). *As aventuras de Karl Marx contra o Barão de Münchhausen: marxismo e positivismo na sociologia do conhecimento.* Busca Vida Ltda.: Sao Paulo.

Mistral, Gabriela (2015). *Por la Humanidad Futura. Antología Política de Gabriela Mistral.* Investigación, transcripción y edición: Diego del Pozo. La Pollera Ediciones: Santiago.

Mistral, Gabriela (2009). *Bendita Mi lengua sea. Diario íntimo* (edición de Jaime Quezada). Editorial Planeta Chile: Santiago.

Williamson, Guillermo (2017). *Territorios de Aprendizajes Interculturales*. Ediciones Universidad de la Frontera: Temuco.

Williamson, Guillermo (2012) Pedagogía de la Tolerancia: Paulo Freire y El rescate de la cultura y lengua indígena (Mapuche). In: Hertzog Vieira, Adriano José et.al. (Orgs.) (2012) *A esperança da pedagogia: Paulo Freire consciência e compromisso*, pp. 159-174. Liber Livro: Brasília.

Williamson, Guillermo; Pinkney Pastrana, Jill; Gómez, Patricia (2005). Reflexiones a partir de un estudio sobre Educación Intercultural y Participación en Comunidades Mapuche en la Novena Región de La Araucanía, Chile. *Archivos Analíticos de Políticas Educativas* 13(4). College of Education, University of South Florida.

Williamson, Guillermo & Gómez, Patricia (2004). Gestión Participativa en Educación-Kelluwün. In. Neirotti, Nerio & Poggi, Margarita (2004). *Evaluación de Proyectos de Desarrollo Educativo Local. Aprendiendo juntos en el proceso de autoevaluación*, pp. 254-278. IIPE-UNESCO, Sede Regional Buenos Aires. Serie de Publicaciones sobre la Iniciativa Comunidad de Aprendizaje Fundación W. K. Kellogg: Buenos Aires.

Williamson, Guillermo & Montecinos, Carmen (editores); Sleeter, Christine; Grant, Carl & Padilha, Roberto (2011). *Educación Multicultural. Práctica de la equidad y diversidad para un mundo que demanda esperanza*. Universidad de La Frontera, Facultad de Educación y Humanidades: Temuco. http://humanidades.ufro.cl/index.php/publicaciones/892

3

LA RECUPERACIÓN DEL SENTIDO DE LA ACCIÓN EDUCATIVA DESDE LAS PEDAGOGÍAS CRÍTICAS Y LA PEDAGOGÍA DE LA AUTONOMÍA DE PAULO FREIRE[1]

GRACIELA RUBIO

El siguiente ensayo reflexiona sobre los procesos interpretativos y relacionales pragmáticos de la acción pedagógica presentes en los postulados humanistas de Paulo Freire en su obra Pedagogía de la Autonomía. La acción pedagógica es entendida como un acto intersubjetivo, que reviste un alcance ético político y para lograr propósitos de transformación social, se requiere de un compromiso entre los sujetos sustentados en un *re-conocimiento* del otro y un *estar en el mundo.*

Hemos visto cómo en los contextos de globalización y de las reformas neoliberales conservadoras desarrolladas desde fines de los 90 hasta la actualidad, la acción pedagógica ha sido intervenida y silenciada en los diversos escenarios por los cuales transita el aprendizaje. El carácter gerencial (Verger, 2012) y estandarizado asumido para las reformas como globales ha incorporado un conjunto de dispositivos conceptuales economicistas y aproximaciones cognitivistas del aprendizaje. Como estrategia de regulación social, se ha cooptado el lenguaje posible de la acción pedagógica invisibilizando, laautonomía y la capacidad de decisión de los sujetos participantes, bloqueando las referencias de lo pú-

---

1. Este artículo fue publicado en la *Revista educación de adultos y procesos formativos,* N° 2, 2015, pp. 36-43, ISSN0719-6997.

blico y común. En este contexto de crisis, conviene recuperar las aproximaciones humanistas que orientan la acción pedagógica como un modo de potenciar la acción transformativa que reviste la practica pedagógica en todo escenario social de aprendizaje. Los postulados de Freire, en *Pedagogía de la Autonomía*, recuperados nuevamente, en tiempos complejos, con nuevas formas de desigualdad, apuestan por recuperar la experiencia desde el reconocimiento como un modo de estar en el mundo para generar su transformación.

1. La recuperación de la experiencia y el re-conocimiento

Para Freire recuperar al experiencia implica reconocer *la eticidad* del acto humano que surge de la conciencia de *ser y estar en el mundo*. Hecho que se acompaña de lo que él designa como *conciencia de inacabamiento* que nos vuelve responsables, seres éticos.

"La invención de la existencia implica, hay que repetirlo, necesariamente le lenguaje, la cultura, la comunicación en niveles más profundos y complejos que lo que ocurría y ocurre en el dominio de la *vida*, la espiritualización del mundo, la posibilidad de embellecer o afear el mundo y todo eso definiría a mujeres y hombres como seres éticos. Capaces de intervenir en el mundo, de comparar, de juzgar, de decidir, de romper, de escoger, capaces de grandes acciones, de testimonios dignificantes, pero capaces también de impensables ejemplos de bajeza e indignidad" (Freire, 1998:51).

La responsabilización resultante es la que origina la *bús-queda*, es decir, la acción histórica. Dicha reflexión también se encuentra presente en E. Fromm quien define la esperanza como "estar presto en todo momento para lo que todavía no nace" (1).

La reflexión crítica de la contingencia, exige entonces, el desarrollo de acciones de transformación orientadas desde el presente y el recuerdo del pasado como ejes constitutivos de los actos humanos. Esto supone asumir una perspectiva del conocimiento *práctico vivencial histórico* que participa de la experienciaque integra el re-conocimiento del otro,(su propio trayecto social, sus lenguajes,opciones y referencias heredadas y a la vez la potencialidad de su futuro. El re-conocimiento, no es solo un gesto ético,sino una forma de conocer que imprime un nuevo valor a la acción, a lo pensado y lo posible pensable. Pensar futuro como acto político (2).

2. La problematización del tiempo

Freire sitúa el acto humano y su eticidad, en un eje de problematización temporal del cual emana toda posibilidad de acción. "Sólo hay historia donde hay tiempo problematizado y no pre-dado. La inexorabilidad del futuro es la negación de la Historia" (Freire, 1998:71)

La temporalización de las acciones y experiencias humanas se acompañan de una noción de tránsito, un devenir que en la modernidad se ha entendido como un orden temporal que vincula la acción individual y social con un presente, un pasado y un futuro (3). La problematización del tiempo en Freire se dirige a comprendernos como sujetos históricos inacabados y que como tales cuestionamos. Es decir, desarrollamos una indagación que desde una ingenuidad se vuelve *curiosidad epistemológica* (4) para comprender que; el orden social existente no es"natural", que ha sido el resultado de acciones humanas, que pueden ser evaluadas éticamente, y que pese a la intención de ser proyectadas como "estables" en nuestro presente, pueden ser transformadas desde la acción."La experiencia histórica, política, cultural y social de los hombres y de las mujeres nunca puede darse "virgen" del conflicto entre las fuerzas que obstaculizan la búsqueda se la asunción de si por parte de los individuos y de los grupos y fuerzas que trabajan a favor de aquella asunción."(Freire, 1998:43)

Esta es quizás una de las claves más importantes de la obra, de la cual se desprenden las consideraciones pedagógicas pertinentes sintetizadas en lo que el autor llama *el pensar acertado.* Pensar que se proyecta como una práctica, una acción moral con fundamento comprensivo de la acción humana. Y esto es, que asume la condición humana como un devenir, y su historicidad como una posibilidad que origina el concepto de un sujeto histórico no determinado. "Me gusta ser hombre, ser persona porque sé que mi paso por el mundo no es algo predeterminado, preestablecido. Que mi destino no es un dato sino algo que necesita ser hecho y de cuya responsabilidad no puedo escapar. Me gusta ser persona porque la historia en que me hago con otros y de cuya hechura participo es un tiempo de posibilidades y no de determinismo, Eso explica que insista tanto en la problematización del futuro y que rechace su inexorabilidad."(Freire; 1998,52).

Precisamente, en los tiempos actuales de globalización en el que el *fetichismo presentista* se ha instalado desde los ordenes subjetivados del capitalismo cognitivo (5), la valorización del tiempo como orientador simbólico de la acción cobra relevancia, dado que el ensanchamiento del presente desincentiva la acción y la búsqueda, generando una *desesperanza* asociada a una pérdida de memoria, lo que finalmente desarticula la comprensión de la acción invisibilizando a los sujetos, unos respecto de otros, y abriendo paso entonces, a propuestas desesperanzadas o *simulacros* de acción mediática instalándose "naturalmente" un orden social *excluyente* (6).

En dicho contexto en que se presentan los procesos políticos de reformas educativas en marcha, es oportuno preguntarse si éstas contribuyen a desarrollar una liberación o una nueva colonización del sujeto, a propósito de los conceptos presentes en las líneas de acción referidas a la Formación del profesorado para el tiempo presente (7). Reflexión que ha sido una constante en la historia de la educación en el transcurso del siglo XX, toda vez que la acción pedagógica al entrar en la esfera de lo público-social pasa a ser objeto de crítica en relación a los fines a los que se presta involucrando de paso al profesional de la educación, esto es al profesor. "Aquel que ejerce formas de practica intelectual y pedagógica que intentan insertar la enseñanza y el aprendizaje directamente en la esfera política argumentando que la escolarización representa al mismo tiempo una lucha por el significado y una lucha por el poder. Nos estamos refiriendo a aquel cuyas prácticas intelectuales están necesariamente basadas en formas de discurso moral y ético" (Giroux y Mclaren, 1998:90) (8).

3. El pensar acertado

El pensar acertado se refiere a una acción congruente con la comprensión humana y que, de acuerdo a ello orienta la acción pedagógica como acto ético político hacia una transformación, en la medida en que busca desde los propios sujetos y su propio devenir histórico construir un futuro distinto articulando los actos del conocimiento y la acción hacia una liberación.

El pensar acertado en relación al conocimiento, debe reconocer la *subjetividad* implícita, pero entendida como condición de apertura al otro, lo que exige nuevamente el re-conocimiento ético del conocer; "(…) quien observa lo hace desde un cierto punto de vista, lo que no sitúa al observador en un error. El error en verdad no es tener un cierto punto de vista, sino hacerlo absoluto y desconocer que aún desde el acierto de su punto de vista es posible que la razón ética no esté siempre con él"(Freire1998:16).

Este exige del profesor comunicar la belleza de estar y conocer el mundo a la vez que asumir que el conocimiento tiene su propia historicidad." Pero histórico como nosotros, el mundo tiene historicidad. De allí que sea tan importante conocer el conocimiento existente cuanto saber que estamos abiertos y aptos para la producción del conocimiento aún no existente. Enseñar, aprender e investigar lidian con esos dos momentos del ciclo gnoseológico: aquel en el que se enseña y se aprende el conocimiento ya existente y aquel en el que se trabajan la producción del conocimiento aún no existente"(Freire, 1998:30).

De ello se desprende que el enseñar desde el mundo junto con la valoración ética de la acción constituyen un todo experimentado que exige redimensionar la enseñanza desde una reflexión crítica de la acción pedagógica" (9). No hay enseñanza sin investigación, ni investigación sin enseñanza. Pensar acertadamente en términos críticos es una exigencia que los momentos del ciclo gnoseológico le van planteando a la curiosidad que al volverse cada vez, más metódicamente rigurosa, transita del la ingenuidad hacia lo que vengo llamando "curiosidad epistemológica" (Freire, 1998: 31).

El pensar acertado genera actos de ruptura que aluden a una demanda ética; "No podemos asumirnos como sujetos de la búsqueda, de la decisión de la ruptura, de la opción, como sujetos históricos, transformadores, a no ser que nos asumamos como sujetos éticos" (Freire, 1998:19). Esta aproximación es entendida por Freire como una ética universal del ser humano que se ha constituido social e históricamente, no como un a priori de la historia. "Es una naturaleza en proceso de estar siendo"(Freire, 1998: 20).

Su aproximación historizante a la ética se compone de la consideración de un ser y estar en el mundo con otros. "Presencia que reconociendo la presencia de un "no-yo" se reconoce como "si-propia" presencia que se piensa a sí misma, que se sabe presencia, que interviene, que transforma, que habla de lo que hace pero también de lo que sueña, que constata, compara, evalúa, valora, que decide, que rompe. Es en el mundo de la decisión, de la evaluación, de la libertad, de la ruptura, de la opción, donde se instaura la necesidad de la ética y se impone la responsabilidad" (Freire, 1998:20).

Dichos atributos se manifiestan desde el *re-conocimiento* de una condición de finitud de nuestra existencia, lo que Bárcena y Melich (2000) llaman *la conciencia de la subjetividad por su contingencia.* Es la muerte la que nos otorga la condición de insustituibles a la vez que en permanente tensión entre nuestro presente y nuestro futuro(10). La contingencia en Freire es asumida como posibilidad de transformación.

La acción vista así, se sustenta en un *dialogismo* que configura las relaciones intersubjetivas, experiencia que, desde el lenguaje y desde el ser/existir en el mundo evidencia la acción con sentido de la que hablamos. Ello exige educar en los lenguajes de la crítica y la posibilidad (11).

Desde el pensar acertado, enseñar supone un respeto a los educandos. Desarrollar una *contextualización del sentido ético de la pedagogía* es imposible hacerlo al margen del sujeto, y de la problematización de la experiencia y del tiempo. Es desde allí que la curiosidad se vuelve crítica, cuando efectivamente el que aprende es capaz de problematizar su propio tiempo como una posibilidad de transformación abriendo esperanzas de futuros. En lo inmediato, nos convoca a redefinir nuestras prácticas pedagogías desde la historicidad y la eticidad. Ello exige:

- Desarrollar procesos de comprensión del propio acto de enseñar, como acto ético que no admite neutralidad.
- Asumir que el propio acto de enseñar –aprender por su carácter procesual (inacabado), exige abrirse al diálogo de los participantes.
- En relación con los programas que articulan nuestra acción nos exige plantearnos como reflexivos críticos e investigadores de nuestro propio saber constituido
- Ello nos demanda comprender la acción pedagógica como una acción ética que nos aleje de las prácticas adaptativas y nos vincule a una contextualización crítica desde el sentido construido con otros.
- La acción es la que debe modificarse a la luz de esta perspectiva ética y ello es posible de efectuar desde la comprensión de la historicidad involucrada en el acto pedagógico, y desde la consideración de las demandas sociales, que como enseñantes se nos enuncian como formas de futuro por realizar.

La *Pedagogía de la Autonomía* viene a rescatar la experiencia como acción intersubjetiva potenciadora de diálogos que pueden abrir nuevos caminos de futuro. Dicha propuesta viene a validar la condición humana y de búsquedas,hoy eclipsada en los escenarios pedagógicos. Desde una comprensión críticade la acción pedagógica que asuma el reconocimiento y la temporalización e historicidad implicadas en el aprendizaje, es posible recuperar las experiencias para pensar futuros. Propuesta que es fundamentalmente política.

CITAS

(1) Fromm E. (1992) *La revolución de la esperanza* (FCE. Argentina. p. 21). La esperanza, según Fromm, es *paradójica*, pues no es ni espera pasiva, ni un violentamiento ajeno a la realidad de circunstancias que no se presentarán. Constituye en cierta medida una actitud dialógica que media entre la contingencia de la subjetividad (entendida como ética, es decir no subjetividad ontológica, sino reconocida por el diálogo con otros), con una utopía deseo (Melich) que impulsa la acción de transformación en sentido humano.

(2) La afirmación de re-conocimiento es propuesta por Pérez Tapias, José (Jornadas Doctorado, U. de Granada. Marzo, 2006) y se inscribe en las corrientes del pensamiento que proponen repensar el modelo cartesiano del conocimiento. El Re-conocimiento, exige *una vuelta* hacia el otro, un reconocerse en y desde la diferencia del Otro. Dicha apuesta es convergente con una perspectiva hermenéutica de la comprensión del acto humano que orienta la acción pedagógica hacia su propósito de formación y transformación desde una referencia publica.

Paul Ricoeur, ha desarrollado líneas reflexivas desde una hermenéutica vinculada a la acción en las que reconoce la subjetividad a partir de una configuración dialógica, (con otro) en la que es posible observar la presencia de una unidad funcional en todas las modalidades y géneros narrativos (plano en que se enuncia y configura la relación). "Mi hipótesis es la siguiente; la cualidad común de la experiencia humana marcada, articulada y clarificada por el acto de relatar en todas sus formas, es su carácter temporal. Todo lo que relatamos ocurre ene le tiempo, lleva tiempo, se desarrolla temporalmente y a su vez, todo lo que se desarrolla en el tiempo puede ser relatado". (Ricoeur, Paul, 2001. *Del texto a la acción*", FCE. p. 16). El relato vuelve la acción inteligible, proceso que es común para la construcción de la investigación histórica, la creación de la novela y la descripción, comprensión y explicación de los fenómenos humanos. La narración de la experiencia *que ya no es (el pasado)* vuelve el discurso de la Historia una forma indirecta de acercamiento, es allí cuando deviene la interpretación. Dicho proceso nos acompaña social e históricamente. En dicha interpretación es posible que emerja "lo nuevo, lo inédito, lo aún no dicho". Cuando eso sucede, Ricoeur afirma que emerge la *metáfora viva; una nueva pertinencia de la predicación.* Emerge la comprensión. "Comprender, pues es hacer o rehacer la operación discursiva encargada de la innovación semántica". Luego deviene la explicación. La interpretación es parte de las relaciones intersubjetivas mediadas por la conversación. "La conversación es decir la relación dialogal, en última instancia está contenida en los límites de una relación directa, de un cara a cara. La conexión histórica que la engloba es singularmente más compleja. La relación intersubjetiva corta se encuentra coordinada en, el interior de una conexión histórica, con diversas relaciones intersubjetivas largas, mediatizadas por instituciones diversas, por roles sociales e instancias colectivas (grupos, clases, naciones, tradiciones culturales, etc) Lo que sostiene esas relaciones intersubjetivas largas es una transmisión, una tradición histórica, de la que el diálogo constituye un segmento."(*op cit.* p. 47, parafraseando a Gadamer).

Esta consideración de la comprensión se vincula también con la memoria, en tanto que *memoria viva,*-acto volitivo (anamnesis) de recordar para comprender que pueden emprender los sujetos. Ricoeur nuevamente valida la relación intersubjetiva presente en el acto "subjetivo "del que recuerda. Pues, para recordar hay que transitar la memoria de otros. (Ver: Ricoeur, Paul (2004) *La historia la memoria y el olvido,* FCE). Desde una dimensión pragmática de la memoria, el uso implica posibilidad de abuso, es que Ricoeur reconoce que en toda sociedad existe una violencia fundadora que se articula con una ideología sustentada en el olvido de ciertos acontecimientos. Desde la comprensión de los actos de hombres hacia hombres, la justicia emerge como imperativo ético de la comprensión. "Es la justicia la que, al extraer de los recuerdos traumatizantes el valor ejemplar, transforma la memoria en proyecto; y es este mismo proyecto de justicia el que da al deber de la memoria el la forma del futuro y del imperativo" (*op. cit.* p. 119). "Se puede decir incluso que la justicia constituye el componente de alteridad que ella sustrae al cortocircuito entre sí mismo y sí mismo. El deber de memoria, es el deber de hacer justicia mediante el recuerdo, a otro distinto de sí" (p. 120). La idea de deuda es inseparable de la de Herencia. Debemos a los que nos precedieron una parte de lo que somos. Dicha propuesta centrada en la intersubjetividad y los fenómenos de comprensión, puede vincularse con el pensamiento de Freire al ver en la acción pedagógica una acción reflexiva cognitiva y ética. Esta argumentación es convergente con el acto de Asumir freiriano que es concebido como: La Asunción de nosotros por nosotros mismos: "Una de las tareas mas importantes de la practica educativo-critica es propiciar las condiciones para que los educandos en sus relaciones entre si y de todos con el profesor o profesora puedan ensayar *la experiencia profunda de asumirse*. Asumirse como ser social e histórico, como ser pensante, comunicante transformador, realizador de sueños, capaz de sentir rabia porque es capaz de amar. Asumirse como sujeto porque es capaz de reconocerse como objeto. La asunción de nosotros mismos no significa la exclusión de los otros. Es la "otredad" del "no –yo" o del *tu*, la que me hace asumir el radicalismo de mi *yo*" (Freire, Paulo (1998), *Pedagogía de la Autonomía*. Siglo XXI, Madrid, p. 42).

En perspectiva similar ya en el ámbito de la reflexión pedagógica, (Bárcena y Melich, 2000. *La educación como acontecimiento ético*. Paidós, Barcelona) Entendida así, la educación no puede ser neutra. Debe ser entendida como, "una suerte de pedagogía crítica de nuestras sociedades modernas, las cuales necesitan olvidar lo que ha ocurrido en el pasado reciente para avanzar en sus expectativas de progreso y en su vocación democrática, que se articula sobre un pasado plagado de víctimas inocentes. Una sociedad en la que educar constituye una tarea de "fabricación" del otro con el objeto de volverlo competente para la función a la que está destinado, en lugar de entenderla como el acogimiento hospitalario de los recién llegado, una práctica ética interesada en la formación de la identidad de los sujetos" (pp. 14-15).

(3) Kosseleck, R. (1993) "Futuro pasado. Para un semántica de los tiempos históricos". Paidós. Barcelona. La constitución de un horizonte de espera y el reconocimiento de un fondo de experiencia articularon la acción en la modernidad otorgando sentido a la experiencia intersubjetiva desde una vivencia del tiempo como aceleración y proceso social político. A la que nuestro entender Freire adhiere, pero desde una perspectiva histórica social específica para América Latina.

(4) El término alude a la conciencia emergente del saber critico que se cuestiona acerca del pensamiento y de la producción el conocimiento, que re-conoce también las intenciones y los deseos humanos

implícitos en esta construcción de saber y de orden social que aparece ante la condición del que aprende o se encuentra en proceso de aprender como una realidad dada como un presente determinado que la pedagogía de la autonomía de bases criticas debe romper desde la *búsqueda y el pensar acertado*

(5) Blandeau, Olivier. Capitalismo cognitivo, propiedad intelectual y creación colectiva. Madrid. Traficante de Sueños. 2004 en Mejía M.R. las pedagogías criticas en tiempos de capitalismo cognitivo. Cartografiando las resistencias en educación

(6) Ver sobre el tema: Vidal Jiménez Rafael (2005) "Comunicación, temporalidad y dinámica cultural en el nuevo capitalismo disciplinarios de redes": Revista TEXTOS de la CiberSociedad. ISSN 1577-3760. Número 7. www.cibersociaedad.net. Martín Barbero Jesús, (2004ª). "Dislocaciones del tiempo y nuevas topografías de la memoria en. www.cholonautas.edu.pe. Sitio web Orientado al Desarrollo de las Ciencias Sociales en el Perú. Cultura y Sociedad htpp//www.cholonautas.edi.pe./pdf/TIEMPO-BARBERO.pdf y Jelin. E (2005) "Exclusión memorias y luchas políticas." En: Daniel Mato, *Cultura, política y sociedad: Perspectivas Latinoamericanas*. CLACSO, Consejo Latinoamericano de Ciencias Sociales, Buenos Aires, Argentina, 2005, pp. 219-239.

(7) Martínez Bonafe, (s/f). "La Formación del profesorado y el discurso de las competencias". Nos habla de la necesidad de realizar una *descolonización del sujeto* a partir de un análisis crítico de las propuestas renovación *educativa* en marcha, las que no vendrían a enunciar una disputa entre un modelo de autonomía y sumisión en la formación docente. "Desde mi punto de vista lo que hay detrás y en el fondo del debate sobre la formación del profesorado es una *teoría del sujeto* y una *teoría del conocimiento una teoría de la relación entre ambos*. Pero esto es también decir una *teoría del poder, pues como se gobierna el razonamiento sobre esa relación entre sujeto y conocimiento tiene que ver mucho con el campo de la s relaciones sociales*" (p. 159).

(8) Al respecto Giroux H. y Mc Laren proponen una serie de reflexiones acerca de las reformas en curso impulsadas en la década

de los 80 en USA, análisis pertinente para nuestro propio proceso, que "por lo demás enuncia que durante todo el siglo XX ha habido un movimiento critico, una corriente alternativa a los procesos que solo entienden reforma e innovación como Gestión; "…a través de este nuevo discurso y su preocupación por los esquemas contables, pruebas, acreditación y credencialización la reforma educativa se ha convertido en sinónimo de hacer de las escuelas"tiendas empresariales". Define ahora la vida escolar principalmente midiendo su utilidad frente a su contribución al crecimiento económico y a la uniformidad cultural" (p. 94). Frente a esta visión tecnicista de la educación, proponen una visión humanista y critica de la pedagogía que considera al profesor como un *intelectual transformador.*

(9) Ver vínculos con investigación-acción. Elliot John (1990) *La investigación acción en educación,* Morata, Madrid.

(10) Torres, Myriam. "Por qué el dialogismo es radicalmente opuesto a la filosofía positivista: Contribuciones de Bajtín y Freire. http://www.ufpr.br/bakhtin/texts/TORRES.htm. La filosofía dialogiza constituye una perspectiva alternativa al positivismo que considera el lenguaje.

(11) Basado en una subjetividad no ontológica sino de acogida y responsable del otro (Bárcena y Melich, 2000), que en Freire se presenta como co-participe con otros, así como responsable ante el futuro.

Bibliografía

Bárcena, Fernando y Melich Joan, Carles (2000). *La educación como acontecimiento ético.* Paidós: Barcelona.

Elliot, John (1990). *La investigación acción en educación.* Morata: Madrid.

Freire, Paulo (1998). *Pedagogía de la Autonomía.* Siglo XXI. Madrid

Fromm, Erich (1992). *La revolución de la esperanza.* FCE: Buenos Aires.

Giroux, Henry y Mclaren, Peter (1998). *Sociedad cultura y educación.* Miño y Dávila: Madrid.

Jelin, Elizabeth (2005). Exclusión memorias y luchas políticas. En: *Cultura, política ysociedad: Perspectivas Latinoamericanas.* Daniel Mato. CLACSO, Consejo Latinoamericano deCiencias Sociales. Buenos Aires, Argentina.

Kosseleck, Reinhardt (1993). *Futuro pasado. Para un semántica de los tiempos históricos.* Paidós: Barcelona.

Lechner, Norbert (2002). *Las sombras del mañana. La dimensión subjetiva de la política.* Lom: Santiago.

Mejía, Marco. R. Las pedagogías críticas en tiempos de capitalismo cognitivo. Cartografiando las resistencias en educación. Planetapaz. Expedición Pedagógica Nacional. Programa Ondas http://www.cepalforja.org/sistem/documentos/pedagogias_criticas.pdf

Martín Barbero, Jesús, (2004[a]). "Dislocaciones del tiempo y nuevas topografías de la memoria" en: www.cholonautas.edu.pe (Sitio web Orientado al Desarrollo de las Ciencias Sociales en el Perú. Cultura y Sociedad). htpp//www.cholonautas.edi.pe./pdf/TIEMPO-BARBERO.pdf

Martínez Bonafe, Jaume. (s/f) *La Formación del profesorado y el discurso de las competencias.*

Ricoeur, Paul (2001). *Del texto a la acción.* FCE: Buenos Aires.

Ricoeur, Paul (2004). *La historia la memoria y el olvido.* FCE: Buenos Aires.

Torres, Myriam. "Por qué el dialogismo es radicalmente opuesto a la filosofía positivista. En: Contribuciones de Bajtin y Freire. http://www.ufpr.br/bakhtin/texts/TORRES.htm

Verger, Antoni. Globalización, reformas educativas y la nueva gestión del personal docente. *Revista Docencia*, N° 46, mayo 2012.

4

FREIRE EN LA INVESTIGACIÓN TEMÁTICA.
UNA PRAXIS PERTINENTE DE ESTUDIO Y ACCIÓN[1]

ALFREDO GHISO

"Somos activos, curiosos, trasformadores,
capaces de correr riesgos, de ir más allá..."
(Freire, 2001)

Palabras iniciales

Cuando nos preguntamos por la investigación en el pensamiento de Paulo Freire, la respuesta no es tan simple; porque él no reflexionaba en torno a lo que habitualmente se preguntan hoy los profesores o los estudiantes de los cursos de metodologías de la investigación, no iba tras esos temas instrumentales que despiertan interés, que parecen tener un prestigio académico notable, y que se repiten en los cientos de textos sobre métodos, enfoques y diseños investigativos.

A Freire le preocupaba la naturaleza, la inteligencia del hacer investigativo, se inquietaba por el papel del sujeto en ese proceso; problematizaba tanto los medios como los fines de este tipo particular de práctica social. Le inquietaban también, los contex-

____

1. Este texto, "La investigación temática, praxis pertinente de estudio y acción", se redacta para ser leído y comentado en la Cátedra Paulo Freire, Universidad Pedagógica Nacional; Bogotá Colombia, en el 2007, a los diez años del fallecimiento del maestro. Luego se retoma y se reescribe, siempre como guión para ser conversado. Con motivo del presente libro, el apunte se relee, se recontextualiza y recrea, con la esperanza que inspire diálogos, promueva reflexiones y motive a la acción investigativa como praxis educativa y transformadora.

tos de la acción investigativa y prefería relacionarla con ámbitos y procesos educativos populares y liberadores; por ello, más de una vez, se planteó descubrir la importancia de la investigación y de los desarrollos cognitivos en los tránsitos educativos emancipadores de las personas.

Al preguntarse Paulo Freire por la naturaleza del investigar, al interrogar el papel de los sujetos, al cuestionar los fines y contextos de esta praxis social, su reflexión llevaba a caracterizar el quehacer investigativo como un hacer constructivo, crítico, problematizador, ligado a acciones transformadoras. Para el educador brasileño, la investigación como práctica social crítica, necesariamente estaba asociada a la transformación de la realidad social, cultural, económica, política y ambiental, estaba anclada, enlazada a un compromiso ético y político por los excluidos; porque el conocimiento es imprescindible para la construcción de una existencia humana y digna. Es por esto que Freire se rehúsa a pensar en el conocimiento como un objeto que se compra y se vende conforme a las leyes del mercado.

Teniendo en cuenta lo anterior, la pretensión del texto es presentar los elementos que configuran el quehacer investigativo desde la perspectiva freiriana, dando cuenta de sus dimensiones y relaciones, lo que lleva a comprender su propuesta de *investigación temática,* como un indagar en correspondencia con la realidad y el contexto de todo quehacer pedagógico.

Estas ideas se ponen en común reconociendo su provisionalidad y sus limitaciones, pero a la vez, vislumbrando su potencial generador de nuevas preguntas, temas o diálogos; por ello, la esperanza que orienta estas páginas es la de fortalecer ambientes y prácticas donde se promuevan la investigación social crítica, el encuentro de saberes y su recreación, habilitando a las personas y cualificando sus formas de describir, comprender, explicar y actuar en contextos y circunstancias que retan la condición de sujetos creativos y constructores de proyectos sociales dignificadores de lo humano.

1. Investigación socioeducativa, práctica social crítica

En este apartado se presenta una aproximación a diferentes rasgos que presenta la práctica investigativa crítica, en el pensamiento de Paulo Freire. Ninguno de ellos puede faltar, cada uno de ellos plantea algún énfasis y alguna tensión a resolver, frente a los que aquel que investiga tendrá que reconocer y decidir si asume o no, esta opción.

1.1 Investigación, opción ética y política

Para comprender la investigación como acto político es básico partir de considerar que la realidad social *"es obra de los hombres[2] y que, si así es, su transformación también será obra de los hombres"* (Freire; 1970d). La persona que investiga, por consiguiente, no podrá ser neutral, más cuando en el contexto se presentan tendencias a la naturalización de todo aquello que atenta a la vida y el *"buen vivir"*.[3] El paradigma neoliberal reconoce la naturaleza y lo humano en función de económico, de la acumulación por parte de unos pocos. La opción que haga la persona que investiga, frente a la realidad y su contexto, determinará su rol, sus métodos y sus técnicas de acción. Freire decía: *"Es una ingenuidad pensar, en un rol abstracto, en un conjunto de métodos y de técnicas neutras para una acción que se da entre hombres, en una realidad que no es neutra"* (Freire; 1970d).

Investigar, entonces, implica opciones, rupturas, decisiones: *"Estar y ponerse en contra, o estar y ponerse a favor de un sueño contra otro; a favor de alguien y contra alguien. Y es precisamente ese imperativo que exige eticidad..."* (Freire; 1970a). La

---

2. Recuerdo que en el tiempo en el que fue redactado el texto citado, Freire no utilizaba un lenguaje inclusivo, como lo hará a partir de la década de los 90.

3. El Buen Vivir entendido como el equilibrio integral del hombre con la naturaleza, de tal manera que la economía y las estructuras sociales (gobierno, educación, salud, vivienda, espiritualidad, lo militar), obedecen a una lógica de armonía, re-existencia, plenitud de vida, participación real y efectiva.

investigación requiere entonces de una postura sustantivamente ética y política que no deje lugar a equívocos.

Si la investigación es una práctica específicamente humana tendrá una naturaleza cognitiva, como práctica social y cultural está marcada por las opciones ética y política, dado que la *"llamada neutralidad de la ciencia no existe, la imparcialidad de los científicos tampoco. Y no existe ni una, ni otra en la medida misma que no hay acción humana desprovista de intención, de objetivos, de caminos de búsqueda. No hay ningún ser humano que sea ahistórico, ni apolítico"* (Freire; 1985). Y, también agregaba: *"Quienes hablan de neutralidad son precisamente los que temen perder el derecho de usar su inneutralidad en su favor"* (Freire; 1970a).

En una opción crítica, la investigación social no es neutral; es por ello que problematiza, rompe la ingenuidad y la inercia, pronunciándose frente a *"la ideología que lanza el modelo neoliberal, la idea fatalista inmovilizadora,…que anda suelta en el mundo con aires de postmodernidad, insiste en convencernos de que nada podemos hacer contra la realidad social, que de histórica y cultural pasa a convertirse en natural"* (Freire, 1997b). Lo que nos lleva a recordar el poema breve *"No aceptes"* de Bertolt Brecht (s/f) cuando decía:

> *"No aceptes lo habitual como cosa natural.*
> *Porque en tiempos de desorden,*
> *de confusión organizada,*
> *de humanidad deshumanizada,*
> *nada debe parecer natural.*
> *Nada debe parecer imposible de cambiar".*

La *praxis* investigativa, desde una perspectiva freiriana se funda en un paradigma emancipatorio y solidario, que tiene como tarea principal el cambio, la liberación; *"en tanto restauración de la libertad"* (Freire, 1997a). De aquí que, en esta perspectiva del quehacer investigativo, hay una búsqueda por sobreponerse y levantarse en contra del abatimiento que se mueve en los corredores de las instituciones educativas, que se expresa en el agotamiento del pensamiento y en la tristeza de espíritu que imponen un sistema tirano y sus tecnoburócratas, que requieren de la invalidez y del sometimiento para propagarse y satisfacerse. Un investigar liberador, es capaz de poner en evidencia el miedo como producto del engaño y de la ingenuidad, que hace que muchas personas se empeñen en batallar por mantener sus condiciones de servidumbre, como si se tratase de la salvación (Spinoza, 1966).

Estos referentes teóricos y, por consiguiente, ético/políticos son las claves fundamentales para entender y valorar las epistemes y las propuestas o proyectos de investigación que buscan hacer frente a las pautas socializadoras del modelo neoliberal; por lo que, el sociólogo colombiano, Orlando Fals Borda (1992), compañero de búsquedas de Paulo Freire, señalaba: *"En efecto, científicos puros o cartesianos pueden descubrir cómo llegar a la luna, pero sus sistemas de valores no les permiten resolver los problemas de aquella mujer pobre que todos los días tiene que ir a pie por agua para su casa. Son dos prioridades y dos valores distintos: el uno intervencionista, el otro participativo. Lo primero es posible como "desarrollo tecnológico" o económico simple. Lo segundo es el gran reto de nuestro tiempo."*

La investigación socioeducativa, desde la perspectiva freiriana, tiene que permitir una lectura de la realidad dominante, opresora e injusta, a la vez que plantear una crítica transformadora que anuncie otra realidad a construir, enfrentando el pensamiento único, técnico, instrumental y de control que acogen y patrocinan aquellos que se consideran expertos capaces de aconsejar, dirigir, coordinar, decidir e instruir parametrizando lo que hay que pensar y hacer, sin dejar de medir los resultados de la acción, que consideran útiles para el sistema. Este es un quehacer investigativo que al contrario de liberar extiende los mecanismos de dominación, enajenando y alienando el pensar, expresar, sentir y hacer de las personas, haciéndoles creer que son ellos los que tienen problemas y que el sistema económico/político hegemónico posee las soluciones efectivas y de calidad acordes con los parámetros y estándares desarrollados por los tecnócratas en el poder (Freire, 2001).

La investigación que Paulo Freire propone y confronta la

despolitización del proceso de conocimiento, dinámica ideológico/económica, que lo ha convertido progresivamente en el principal insumo de producción y acumulación en el mercado global. Educadores y educadoras, personas que investigan, cuando son enajenados de opciones éticas y de posturas políticas transformadoras, se convierten instrumentos de control en manos de los poderes existentes, por ello es que restringen, debilitan e inhabilitan a otros para comprender la realidad y decidir sobre ella.

Así es que Freire señalaba: *"El mismo hecho de que la persona sea capaz de reconocer hasta que punto está condicionada o influida por las estructuras económicas la hace capaz también de intervenir en la realidad condicionante. O sea, saberse condicionada y no fatalísticamente sometida a este o a aquel destino abre el camino de su intervención en el mundo"* (Freire; 2001). La investigación socioeducativa liberadora posibilita procesos de develamiento y comprensión crítica del contexto, desarrollando en los sujetos creativos para ser y para proyectarse con imaginación y coraje en la construcción de pensamientos y formas de actuar capaces de superar las frustraciones, de curar las tristezas y vencer la desesperanza que sufrimos a diario, en la búsqueda de una sociedad justa que nos dignifique y que nos abra espacios para intervenir solidariamente, en la definición del futuro (Ghiso, 2015).

1.2 Investigación, reflexividad dialógica

Por ser un acto de conocimiento humano para el cambio, la investigación socioeducativa freiriana se ubica en un contexto gnoseológico caracterizado por el diálogo, que exige tanto de investigadores como de aquellos sujetos involucrados en el proceso, una relación de auténtico diálogo.

El verdadero diálogo reúne a los sujetos en torno al conocimiento de un objeto cognoscible que actúa como mediador entre ellos. Todo acto de conocimiento en un proceso de investigación social crítico tiene que procurar poder entender tanto el objeto de estudio como la comprensión que los sujetos tengan de él y para ello se requiere de la interacción comunicativa.

En Freire, el diálogo es el encuentro de las personas para la tarea común de saber y actuar, es la fuente de poder desde su carga de criticidad y realidad contenidas en el lenguaje, las palabras y las interacciones. El diálogo es capacidad de reinvención, de conocimiento y de reconocimiento. Es, también, una actitud y una praxis que impugna el autoritarismo, la arrogancia, la intolerancia, la masificación. Por ello, aparece como la forma de superar los fundamentalismos, de posibilitar el encuentro entre semejantes y diferentes. Freire agregaba: *"Si el diálogo es el encuentro de los hombres para ser mas, este no puede realizarse desde la desesperanza. Si los sujetos de diálogo nada esperan de su quehacer, ya no puede haber diálogo. Su encuentro allí es vacío y estéril. Es burocrático y fastidioso"* (Freire, 1970a).

Y agregaba: *"El diálogo es una exigencia existencial. Y siendo un encuentro que solidariza la reflexión y la acción de sus sujetos encauzados hacia el mundo que debe ser transformado y humanizado, no puede ser reducido a un mero acto de depositar ideas de un sujeto en el otro, ni convertirse en un simple cambio de ideas consumadas por sus permutantes"* (Freire, 1970a).

El diálogo y el lenguaje son para Freire el terreno en el que se otorgan significado a los deseos, a las aspiraciones, a los sueños y a las esperanzas, al posibilitar el intercambio de discursos y de conversaciones críticas cargadas de comprensiones y percepciones de la realidad; porque el diálogo desde la perspectiva freiriana es constructor de posibilidades de cambio.

"La existencia en tanto humana –decía Paulo Freire- *no puede ser muda, silenciosa, ni tampoco nutrirse de falsas palabras sino de palabras verdaderas con las cuales los hombres transforman el mundo. Existir humanamente es pronunciar el mundo". "Los hombres no se hacen en el silencio, sino en la palabra… decirla no es privilegio de algunos sino derecho de todos los hombres". "El diálogo es este encuentro de los hombres, mediatizados por el mundo, para pronunciarlo"* (Freire, 1970a).

La pregunta investigativa, movida por una curiosidad epistémica fundante, surge en la construcción dialógica como afirmación del sujeto, capaz de correr riesgos, capaz de resolver la tensión entre la palabra y el silencio. De esta manera, la pregunta confronta la respuesta anclada en el pasado, en la certidumbre, única y definitiva; es de aclarar que tampoco se dan preguntas definitivas.

En la investigación socioeducativa freiriana, es necesario reconocer que *"no hay diálogo verdadero si no existe entre los sujetos un pensar verdadero. Pensar crítico que, no aceptando la dicotomía, mundo hombres, reconoce entre ellos una inquebrantable solidaridad. Este pensar percibe la realidad como un proceso, que la capta en constante devenir y no como algo estático. La forma de pensar no se dicotomiza a si misma de la acción y se empapa permanentemente de temporalidad, a cuyos riesgos no teme"* (Freire, 1970a). Esta manera de entender el pensar, esencia de cualquier proceso investigativo, se levanta en contra de tantos argumentos y justificaciones para no pensar, no escribir y no someter a preguntas o a problematizaciones la cotidianidad sujetada y domada por el neoliberalismo que naturaliza lo antinatural, que nos moldea a diario sometiéndonos a la irreflexividad fatalista o a un pensamiento que ingenuamente se va conformando con la realidad que nos presenta como algo estático, sin historicidad creadora (Ghiso, 2015).

En este tipo de investigación, toda reflexividad posible es una reflexividad dialógica: *"En el momento mismo en el cual busca, en el que se pone como sujeto cognoscente frente al objeto cognoscible, no está sino aparentemente solo. Además del dialogo invisible y misterioso que establece con los hombres que, antes de él, ejercieron el mismo acto cognoscente, dialoga consigo también. Se pone frente a si mismo. Se indaga. Se pregunta"* (Freire; 1970). La reflexividad dialógica es entonces comprendida como la capacidad de los sujetos para interrogar e interrogarse lo dicho, lo hecho y lo pensado; se la asume como una opción metodológica que permite abordar memorias, prácticas y discursos en sus múltiples formas expresivas. El conocimiento logrado por medio encuentros reflexivos/dialógicos permite al sujeto conocido y cognoscente su develamiento y autorreconocimiento en el proceso de investigación socioeducativa (Ghiso, 2011).

1.3 Investigación, movimiento y tensión

Todo proceso de investigación parte de reconocer que se sabe algo y que se desconoce algo, éste parecería ser el primer movimiento en la dinámica dialéctica en la que se inscriben los actos de conocimiento humano. Es desde esta tensión vital, desde ese tener y carecer que el sujeto emprende el camino de la construcción del conocimiento, resignificando lo que conoce y otorgando un valor movilizador a lo que aún queda por conocer. Para Freire, conocer no es recibir dócil y pasivamente, no es operar sobre algo dado, no es un acto de transferencia o de depósito, no es una práctica en la que los sujetos se convierten en objetos. Para el, conocer es un proceso que *"resulta de la praxis de los seres humanos sobre la realidad"* y que *"no termina en el objeto cognoscible ya que se comunica a los sujetos igualmente cognoscentes"* (Freire, 1985).

Conocer al investigar es movimiento dialéctico, en el se pasa de la acción a la reflexión y de la reflexión de la acción en contexto a una nueva acción en contexto. Lo que nos lleva a develar también la dialéctica existente entre la subjetividad y la objetividad. La realidad no está únicamente en los datos que la objetivan, ubican o miden, en esos *hechos concretos*, sino también está comprendida en esas percepciones y reflexiones que los sujetos desarrollan, comparten, debaten y apropian.

Paulo Freire identifica otro movimiento dialéctico y es el que se da entre las acciones de conocimiento y los contextos; señala la existencia de ámbitos contextuales interrelacionados, el intersubjetivo caracterizado por el diálogo y el contexto real, expreso en las condiciones, circunstancias y situaciones en las sujetos viven. Para el pedagogo brasileño, el contexto "gnoseológico" es el del diálogo, que permite describir, explicar comprender y proyectar los hechos que aparecen en el contexto real o concreto, lo que implica, en la investigación *"un desplazamiento desde el contexto concreto, que proporciona los hechos hasta el contexto teórico, en el que dichos hechos se analizan en profundidad, para volver al contexto concreto, donde los hombres experimentan nuevas formas de praxis"* (Freire, 1990).

Movimientos necesarios en la investigación socioeducativa freiriana
Saber / No saber
Sujeto receptor / sujeto creador
Praxis / Realidad
Acción / reflexión / Nueva acción
Hacer/reconstruir – Vivir / revivir / renacer
Subjetividad – reflexividad – percepción / Objetividad- hechos concretos
Contexto situacional / contexto teórico / contexto gnoseológico – diálogo

1.4 Investigación, sentipensante y solidaria

La construcción dialógica y solidaria de conocimiento es una *experiencia sentipensante*[4] donde la conciencia, los sueños, los deseos, la intuición y la imaginación rompen con el interés hegemónico de negar, silenciar y neutralizar todo intento que surge desde la autonomía (Freire, 1997a).

La investigación socio educativa entendida como una experiencia sentipensante, dialógica y solidaria que permite a los involucrados reconocer y comunicar los límites, lo condicionado, lo singular, lo diferente, lo desigual y las procedencias o el origen, – la historicidad- sociocultural de los conocimientos y discursos sociales que circulan y que el grupo construye y apropia (Ghiso, 2017).

Proponer la investigación sentipensante y solidaria como experiencia gnoseológica lleva desde un inicio a establecer la relación entre saberes-conocimientos-poder y esto permite reconocer los límites, las debilidades, los riesgos y los obstáculos que los poderes conquistados y ejercidos presentan, planteando desafíos de cambio (Freire, 1997a).

---

4. Concepto generado en la práctica con comunidades de la Costa Atlántica colombiana, por el sociólogo Orlando Fals Borda: el "hombre sentipensante" que combina la razón y el amor, el cuerpo y el corazón, para deshacerse de todas las (mal) formaciones que descuartizan esa armonía y poder decir la verdad. El lenguaje que dice la verdad, es el lenguaje sentipensante. El que es capaz de pensar sintiendo y sentir pensando. Cfr: https://www.youtube.com/watch?v=LbJWqetRuMo

Es, en este proceso de conocer sentipensante, que se vivencia la condición de ser sujetos en contexto, capaces de desplegar y recrear diversos repertorios de creatividad, resistencia conversacional y rebeldía emocional; porque en esta episteme sentipensante se conoce desde allí, desde lo que necesitamos hacer, desde los modos de describir, explicar y comprender sobre la realidad y, también, desde las posibilidades que podemos solidariamente imaginar (Ghiso, 2017).

Es notable que, contrario a las tendencias tecnocráticas, instrumentales y colonialistas, la propuesta freiriana muestra que, para producir conocimiento con legitimidad social, tenemos que trabajar sobre objetos pertinentes de estudio y acción; por eso es que insisten en la necesidad de rescatar y reconocer la condición humana en todas sus dimensiones, sin desconocer la condición sentipensante, capaz de relacionar la locura con la sanidad, el amor, la creatividad, la poesía, la pintura, el juego y la danza con las múltiples formas de producción y expresión del conocimiento; además de integrar recursivamente la indignación con la sabiduría, presentes en las propuestas y estrategias diseñadas para proteger y resignificar la vida de los grupos sociales que luchan por su dignidad.

En los procesos de producción de otro conocimiento posible, la realidad se asume a través de la memoria que reelabora situaciones, experiencias y eventos vividos que dejaron huellas en cada uno. Estas huellas son repertorios de sentipensamientos que se nos presentan en la medida en que hay una apertura solidaria a la expresión, a la escucha y al diálogo. Estos sentipensamientos son potencias, que se nos brindan como acumulados de sentidos y sin sentidos. Son las versiones que cada uno tenemos de la realidad, del contexto, de lo que transcurre a nuestro alrededor y de lo que nos atraviesa, nos parte, nos marca.

Estos sentipensamientos son la muestra irrefutable de que algo fue y está siendo con posibilidad de ser y estar de otra manera. También, los sentipensamientos son portadores de imaginación y creatividad. Desde ellos y con conciencia de ellos se describen y expresan las caras narrables y codificables de la realidad, que no se discuten, la mayoría de las veces, sino que se relatan, narran y se informan a partir de historias que dan cuenta de ella.

Esto no es simple ni en el orden epistémico, ni en la práctica investigativa dialógica; el problema es que la realidad social, esa que construimos los sujetos, tiene también una dimensión social, cultural, emocional, subjetiva e intersubjetiva, que se pone de manifiesto cuando se expresan las percepciones, comprensiones, valoraciones, los juicios y las proyecciones que de la situación a estudiar poseen las personas. Es aquí donde el diálogo reflexivo aparece como tensión desvinculante o como vínculo, como mediación que avanza de experiencia en experiencia volcándose sobre la otredad, en una tarea de recrearse, abrirse y apropiarse críticamente, de múltiples y complejos mundos (Ghiso, 2017).

2. Investigación temática, conocer y actuar pertinente

La propuesta investigativa freiriana, que hace parte de su pedagogía, es una búsqueda epistémica y también metodológica, que no se resuelve en lo meramente técnico. Al respecto el pedagogo brasileño sostenía que *"la investigación temática no puede reducirse a un acto puramente mecánico, puesto que es proceso de búsqueda, de conocimiento, de creación. De ahí que sea necesario que los sujetos investigadores vayan descubriendo en el encadenamiento de los temas significativos la interpretación de los problemas"* (Freire et al, 1971).

A nuestro entender, Paulo Freire en el desarrollo de la propuesta investigativa, trata permanentemente de responder preguntas como: ¿Cómo desarrollar con otros un conocer que sea pertinente con la educación liberadora y la acción transformadora de la realidad?, ¿Qué hay que activar en el proceso investigativo para que se rompa con ideas fatalistas e inmovilizadoras donde todo pasa a convertirse en natural?, ¿Qué rasgos posee el proceso investigativo que potencia la capacidad del sujeto para colocarse ante las circunstancias y su acervo cultural y, desde ello, reconocer sus opciones y posibilidades de desenvolvimiento?

Es claro para Paulo Freire, que lo que necesitamos comprender, lo que necesitamos hacer, depende de los modos culturales, de los repertorios de ideas, textos, palabras e imágenes con los que damos cuenta de la realidad, de la manera en la que percibimos el contexto; como, además, de las posibilidades que podemos identificar, imaginar y crear para hacer realidad ese "inédito viable", transformador. En esta perspectiva es que presentaremos la propuesta de investigación temática.

2.1. Un conocer pertinente a la praxis educativa y transformadora

A diferencia de otras estrategias investigativas cuantitativas o cualitativas que se empeñan por, sobre todo, en alcanzar pertinencia teórica, la investigación temática pone su empeño desde el inicio del proceso en ubicarse en la realidad, lo que permite a las personas involucradas en la indagación reconocerse en contexto para problematizar y pensar críticamente su mundo. Por ello es que se puede afirmar que la investigación temática posee un carácter contextuado, así como concientizador y, que por ello, se la puede entender como una praxis educativa auténticamente liberadora, dado que se indaga la realidad a transformar, la memoria cultural, el pensar la práctica y sus condiciones, así como el imaginar las posibilidades de transformar la realidad, esto la identifica como un conocer pertinente.

Freire pensaba que esta reflexión sobre la situacionalidad equivalía a pensar las condiciones de existencia: *"Ahora bien, el hombre, porque es un ser en situación, se encuentra enraizado en condiciones tiempo- espaciales que lo marcan y a las cuales él marca igualmente. Su tendencia es reflexionar sobre su propia situacionalidad, en la medida en que, desafiado por ella, actúa sobre ella. Esta reflexión implica, por ello mismo, algo más que estar en situacionalidad, que es su posición fundamental. El hombre es porque está en situación. Y será tanto más, cuanto mas piense críticamente su estar. Esta reflexión sobre la situacionalidad es un pensar la propia condición de existir"* (Freire et al, 1971).

La investigación es un proceso de pensar crítico, en ella

los sujetos descubren las situaciones que los envuelven, que los angustian y van captando en ese diálogo permanente entre el contexto real, la situación objetivo-problemática en la que se encuentran, que se tiene que transformar por medio de una acción inteligente e informada y el contexto teórico (Freire, 1970a).

En la investigación temática, se busca alcanzar pertinencia de estudio y acción por ello, investigadores educadores e investigadores educandos a lo largo del proceso se empeñan en reconocer, identificar y expresar la realidad cotidiana por medio del universo textual, expresivo, vocabular de carácter individual, colectivo y social e indagan por las expresiones y *palabras generadoras* capaces condensar y representar los componentes de las situaciones vitales límites que configuran el repertorio de temas centrales a estudiar en las diferentes biografías. Parafraseando a Freire (1970a), investigar temas generadores es interrogarse por las imágenes, percepciones, expresiones; en definitiva, por el pensamiento de las personas en relación con la realidad, con el contexto vital. La investigación temática indaga el actuar de hombres y mujeres sobre la realidad, preguntándose por las condiciones contextuales que los limitan o los potencian, en su acción transformadora. Investigar el *"tema generador"* diría el maestro Freire es investigar el pensamiento de los hombres referido a la realidad, es investigar su actuar sobre la realidad, que es su praxis (Freire, 1970a).

Es de notar que, en esta propuesta de investigación crítica, *"no se trata de mirar a los hombres como el objeto, del cual el investigador sería el sujeto. El objeto de la investigación no es realmente el hombre visto como una cosa, sino su pensar. Lo que el piensa, cómo piensa, en torno a que piensa, cuál es su visión de mundo. En nuestro caso- agrega Freire- no se pretende propiamente investigar al pueblo, como si fuera una pieza anatómica, sino con él, su pensar, su conjunto de ideales, sus inquietudes, su temática."* En otro momento afirmará: *"El objetivo fundamental de la investigación es comprender como piensan los individuos su realidad, lo que piensan sobre ella, no propiamente para hacer que ellos sean consumidores de cultura, sino para que sean creadores de cultura"* (Freire et al, 1971). Por lo anterior, es que la propuesta investigativa requiere que los involucrados asuman una postura investigativa activa, participativa, dialógica, solidaria y comprometida que les permita profundizar en la toma de conciencia en torno de la realidad, en su apropiación y en la acción transformadora.

La investigación temática es entonces una propuesta investigativa que se enraíza en la vida de los sujetos, reconociendo lo histórico y contextual; de esta manera el investigar cobra pertinencia en una *"unidad epocal"* caracterizada por ser el conjunto de ideas, concepciones, esperanzas, dudas, valores, desafíos en interacción dialéctica con sus contrarios, en búsqueda de la plenitud. La representación concreta de muchas de estas ideas, de estos valores de estas concepciones y esperanzas, así como los obstáculos al ser mas de los hombres, constituyen los temas de la época. Estos indican también las tareas que pueden ser realizadas y cumplidas. De este modo, no hay manera de captar los temas históricos, aislados, sueltos, desconectados, cosificados, detenidos, sino en relación dialéctica con los otros, sus opuestos (Freire, 1970a).

Es así como, en la investigación temática, se buscan reconocer, develar y expresar, además de las situaciones que enmarcan a las personas, los colectivos y comunidades, las ideas, concepciones, esperanzas, dudas y valores que éstos poseen con el fin de representarlas, nombrarlas y entenderlas en contexto; sabiendo que ese acumulado experiencial, cognitivo y cultural orientará y dará sentido a las maneras de asumir los desafíos y de llevar a cabo las tareas con las que se enfrentarán los retos que muestra la realidad. La pertinencia como praxis educativa, cognitiva y transformadora se va logrando en la medida en que se reconocen y se ponen en juego el conjunto de situaciones, ideas, concepciones, esperanzas, dudas y valores que constituyen el universo temático de la época. Como estos temas no aparecen o se expresan de manera transparente, clara, simple o ligera; todo lo contrario, son opacos, densos, complejos y se encuentran por un lado envueltos y por otro, envolviendo las situaciones límites. La investigación tiene la tarea cognitiva y pedagógica de desenvolver, develar, decodificar lo que está encubierto, describiendo y explicando las situaciones que marcan el existir (Freire, 1970a).

2.2. Investigar como desnaturalización del determinismo y el fatalismo

El fatalismo, dirá el pedagogo brasileño, lleva *"al cruzamiento de brazos, puesto que se sienten imposibilitados de actuar porque la vida es así y no vale la pena esforzarse. O, también, la emersión de la conciencia que se descubre como un ser para otro y, a pesar de esto, teme constituirse en un ser para sí.* (Freire et al, 1971). El fatalismo no está solo, va ligado a la naturalización, el determinismo que llevan a la habituación y familiarización que se expresa en la aceptación de aspectos negativos que pueden hacer insoportable e indignas nuestras vidas. Estas son mecanismos microsocio/culturales que el sistema hegemónico tiene para hacer aceptable lo inaceptable, para hacer admisible lo inadmisible, para internalizar una cultura patriarcal que admite, resignifica y reproduce la lucha, la agresión, el control y la competencia como un modo de ser en el mundo y de ejercer el poder al relacionarse con el otro; manteniendo ciertas estructuras y modos de vida, que apuntalan y refuerzan la permanencia de un modelo socio político y cultural opresor y excluyente (Freire, 2001).

La pedagogía freiriana y, por ende, su propuesta investigativa busca la desnaturalización, para la generación de alertas que buscan la nueva configuración del hacer, pensar y emocionar, con el fin de construir y fundamentar una nueva cultura, que transgreda y cambie la red determinismos generados en una comunidad movida y anclada en representaciones patriarcales centradas en la apropiación, la jerarquía, la enemistad, la guerra, la lucha, la obediencia, la dominación y el control.

La propuesta pedagógica/investigativa está orientada, entonces a generar una nueva cultura, que situada, pertinentemente en el contexto de lo cotidiano, deconstruya inquebrantable y comprometidamente las viejas maneras de ser, estar, sentir, explicar y hacer. Una propuesta pedagógica/investigativa que vaya incorporando en el devenir cotidiano un hacer-pensar-emocionar que contribuya a la creación de ambientes en los que sea posible experienciar un nuevo modo de relacionarse, ejercer el poder y vivir en sociedad. El cambio que se propone no puede ser impuesto, sino que es aprendido, en la práctica desnaturalizadora del investigar.

Es necesario, entonces aplicarse a la decodificación crítica del expresar, del emocionar, del razonar y de los motivos que justifican la opresión, el silenciamiento, el miedo, la exclusión, la depredación del medio ambiente. También, habrá que investigar con los sujetos que, habiendo naturalizado el problema, se desentienden de la existencia de la opresión, el fatalismo y de sus efectos; aunque saben de la rabia y de la agresión contenidas y a punto de explotar, presentes en muchos de ellos. Una propuesta pedagógica/investigativa que describe y decodifica las inercias y rutinas en las formas de enfrentar estos problemas que frenan el adoptar posturas críticas y transformadoras, porque sienten que no vale la pena preocuparse porque se piensa que nada se puede hacer.

Una propuesta pedagógica/investigativa que se desarrolla con sujetos que se perciben sin esperanzas, sin fuerzas y sin las suficientes herramientas de defensa para hacer frente a la opresión, requerirá de procesos educativo/investigativos que los habiliten para encontrar salidas, rompiendo con acostumbramientos que llevan al silenciamiento, a hacerse los desentendidos o a la pasividad frente al sometimiento. Ante esto planteaba el maestro: *"No son las 'situaciones límites', en sí mismas, generadoras de un clima de desesperanza, sino la percepción que los hombres tengan de ellas en un momento histórico determinado, como un freno para ellos, como algo que ellos no pueden superar. En el momento en que se instaura la percepción crítica en la acción misma, se desarrolla un clima de esperanza y confianza que conduce a los hombres a empeñarse en la superación de las situaciones límite"* (Freire, 1970a).

Es importante señalar que la propuesta pedagógico/investigativa interpela los poderes hegemónicos vigentes acostumbrados a imponer su dominio y les hace saber que los silencios, se transforman en resistencia activa y rebeldía sentipensante, movida por la dignidad que desnaturaliza y brinda nuevas alertas para hacer frente a toda opresión.

Decodificar críticamente es desnaturalizar lo que implica

desarrollar la capacidad de analizar críticamente los valores, interacciones y espacios en los que se es y está, habiendo construido unas claves que restituyen la dignidad, autoestima y poder de las personas. Estos son puntos desde los que se puede observar, describir, comprender y actuar sobre la realidad. En estos procesos, las personas necesitan decodificar críticamente o deconstruir lo naturalizado y sus expresiones, aceptando la condición de sujeto digno, capaz de crear y decidir sobre su vida.

La propuesta pedagógica/investigativa que desnaturaliza busca formar en procesos caracterizados por la problematización, la pregunta, el intercambio y el diálogo abierto, desarrollando un proceso de conocimiento/acción que desecha el carácter natural de la opresión. Al desnaturalizar y problematizar se devela el carácter, socialmente construido, del fenómeno, así como las dinámicas, emociones y modelos implicados en este modo de configurar ejercicios de poder. Se propone, entonces, una propuesta pedagógica/investigativa orientada a que cada sujeto se comprometa en movilizaciones transformadoras del contenido de las conciencias y de generar conciencia donde no la había. Ese proceso ocurre en las personas por medio de la acción-reflexión-acción, no es obra de la imposición de ideas de un agente externo al cual se le atribuyen poderes especiales. Estas movilizaciones pedagógico/investigativas desnaturalizadoras tienen, sin duda, un carácter liberador y suponen una postura política no neutral frente a cualquier tipo de violencia y opresión.

2.3. Un conocer que potencia al sujeto

La investigación temática se inserta orgánicamente en las dinámicas educativas organizativas, solidarias y en los movimientos sociales que reclaman vida como posibilidad y como voluntad de ser en dignidad, justicia y autonomía; de ahí que las propuestas epistemológicas, metodológicas y operativas tengan que ser adecuadas tanto al ser como posibilidad, como al ser en su voluntad de hacer, y transformar. Estos son dos aspectos constitutivos de ser sujetos.

La propuesta Investigativa freiriana no está sólo orientada a la construcción de conocimiento crítico de la realidad social; sino también, está direccionada a la construcción, formación de sujetos protagónicos. Esta tarea parte de reconocer la vida como el nicho ecológico/gnoseológico de todo proceso social. Este es el punto de enclave y de constitución de los procesos de socialización, formación y producción de conocimientos. No es posible pensar y realizar procesos de indagación en lo social, político, económico, cultural y ambiental sin reconocer que estas dinámicas se dan, generan y desarrollan en los diferentes ámbitos y devenires de la vida de las personas, los grupos, las instituciones y del planeta.

El carácter dialógico y participativo de la investigación temática surge de la necesidad de construir sujetos, de potenciarlos para ser capaces de colocarse ante las circunstancias a comprender y sobre las que se requiere actuar, por ello es que se necesita reemplazar el discurso causal y determinista de la investigación positivista tradicional por otro que recupere la necesidad y la potencialidad, que, a diferencia del discurso de las determinaciones, privilegie al sujeto en su condición histórica.

Es a través de la palabra y del desarrollo de argumentos (*decodificación*) donde los que participan en la investigación encuentran la apertura crítica a lo dicho y a lo no dicho, con el fin de incorporar las dimensiones, oportunidades y limitaciones del contexto, superando las mediaciones estrechas de los lenguajes hegemónicos movidos por intereses controladores.

En otras palabras, la Investigación temática parte de reconocer la necesidad de un reconocimiento y de una ruptura de los límites, miedos o bloqueos (*objetivos y subjetivos*) para que el sujeto los pueda transformar en horizontes de posibilidad y en espacios para su dignificación (*liberación*). Por esto, es que la investigación temática, desde sus planteamientos iniciales deja de estar restringida a los marcos teóricos y a los significados académicos, para abarcar significaciones propias de las potencialidades posibles a ser activadas por los sujetos. Ello plantea otras formas de razonamiento fundadas en lo potencial, en lo inédito, en lo viable.

En Investigación temática, entonces, no se trata solamente de apropiarse de contenidos sociales, culturales, políticos, económicos o ambientales para transformarlos en objetos de estudio o de intervención, sino también de potenciar la capacidad del sujeto para colocarse ante las circunstancias y reconocer sus opciones de acción-reflexión-acción. En estos procesos investigativos que son alternativos los sujetos se asumen como sujetos en tránsito por situaciones caracterizadas por la emergencia, la incompletud, y la incertidumbre, desde donde se constituyen subjetividades capaces de abordar la vida en un mundo en el que es posible el cambio (Freire, 1970). Este carácter de tránsito implica moverse hacia lo nuevo o, al menos, hacia lo que todavía pueda concebirse como inédito viable.

En la medida en que la realidad es un producto de dinámicas constitutivas que se despliegan a lo largo de la historia, los sujetos no estamos atrapados en productos definidos, es por eso que la investigación temática busca abordar categorías -*códigos, temas, asuntos*- que puedan trastocar las exigencias del orden hegemónico. De esta manera la investigación es un proceso por el que nombramos la realidad y nos nombramos sujetos que tienen la potencia y el conocimiento para transformarla.

Bibliografía

Fals Borda, O. (1992). Ponencia "Perspectivas Metodológicas en la Política Social". Universidad Internacional Menéndez, Pelayo. Valencia 28 septiembre-2 de octubre 1992.

Freire, P. (1970a). *Pedagogía del oprimido*. Siglo XXI: México.

Freire, P. (1970d). *Cambio*. Editorial América Latina: Bogotá.

Freire P. et al (1971). *Curso Regional Andino sobre investigación temática y acción cultural*. Bogotá IICA- CIRA

Freire, P. (1985). "La dimensión política de la educación" en *Cuadernos pedagógicos* 8. Quito, CEDECO

Freire, P. (1990). *La naturaleza política de la Educación*. Paidós: Barcelona.

Freire, P. (1993). *Pedagogía de la Esperanza*. Siglo XXI: México.

Freire, P. (1997a). *Educación en la Ciudad*. Siglo XXI: México.

Freire, P. (1997b). *Pedagogía de la Autonomía*. Siglo XXI: México.

Freire, P. (2001). *Pedagogía de la indignación*. Morata: Madrid.

Ghiso, A. & Tabares-Ochoa, C. M. (2011). "Reflexividad dialógica en el estudio de jóvenes y prácticas políticas." *Revista Latinoamericana de Ciencias Sociales, Niñez y Juventud*, 1 (9). Cinde: Manizales.

Ghiso, A. (2015) "La era de los profesionales inhabilitado: sobre la incapacidad profesional de pensar, emocionar, expresar y hacer desde una opción emancipadora a partir de una re-lectura de Iván Illich." Disponible en: http://www.educaciondeadultosprocesosformativos.cl/index.php/revistas/revista-n-1/8-la-era-de-los-profesionales-inhabilitado-sobre-la-incapacidad-profesional-de-pensar-emocionar-expresar-y-hacer-desde-una-opcion-emancipadora-a-partir-de-una-re-lectura-de-ivan-illich

Ghiso, A. (2017) Reflexividad dialógica, como experiencia de epistemes sentipensantes y solidarías. En: *Saberes nómadas. Derivas del pensamiento propio*. Universidad Central: Bogotá.

Spinoza, B. (1966). Tratado Teológico–Político. En: Spinoza *Obras completas. Ética y tratados menores*. Ediciones Ibéricas y L.C.L.: Madrid.

5

EL LEGADO DEL MAESTRO [1]

SILVIA LÓPEZ DE MATURANA LUNA

*La tarea del docente, que también es aprendiz, es placente-
ra y a la vez exigente. Exige seriedad, preparación científica,
preparación física, emocional, afectiva. Es una tarea que requiere, de quien se compromete con ella, un gusto especial de
querer bien, no solo a los otros, sino al propio proceso que ella
implica. Es imposible enseñar sin ese coraje de querer bien, sin
la valentía de los que insisten mil veces antes de desistir. Es
imposible enseñar sin la capacidad forjada, inventada, bien
cuidada de amar* (Freire, 1993).

Gracias a Paulo Freire fui descubriendo, en un proceso de alteridad permanente, la potencia epistemológica del pensamiento
crítico y amoroso de querer bien a los y las otros/as y al proceso
educativo mismo. Leerlo y comprenderlo me permitió, por una
parte, reconceptualizar el sentido de la escuela como un permanente acto pedagógico-político y ético capaz de trascender desde
su contexto histórico e institucional y, por otra, me mostró que es
posible refundar las rancias estructuras de la sociedad que infe-
riorizan y deshumanizan los procesos educativos, lo que terminó
por hacerme consciente de las consecuencias de mis acciones.
Entendí que leer y re-leer la cultura escolar posibilita la construcción de nuevas estructuras cognitivas y sociales para investigar,
cuestionar y mirar desde otra vereda lo cotidiano; y que analizar

---

1. Varias de las ideas de este artículo han sido extraídas y recreadas de la tesis doctoral de la autora: La construcción sociocultural de la profesionalidad
docente; del libro Los buenos profesores: educadores comprometidos con un
proyecto educativo y por las lecturas de Freire, especialmente, *Cartas a Cristina*
y *Pedagogía de la Indignación*. Véase la bibliografía.

89

las concordancias o discrepancias entre el discurso y la práctica es una necesaria reflexión crítica sobre qué, por qué y para qué hacemos lo que hacemos.

Su legado me ha acompañado en las maneras de interpretar el mundo de la escuela, sus procesos y sus lógicas, ha acrecentado mi convicción acerca de la infancia como una etapa más antropológica que cronológica y ha estado presente en el reconocimiento de los gestos pedagógicos que encontré en las investigaciones sobre las historias de vida de profesores y profesoras que me abrieron las puertas de su intimidad y me invitaron a compartir sus trayectorias vitales.

Por eso, y mucho más, quise participar en este libro ya que sentí la necesidad de hacer pública la impronta indeleble del legado del maestro. Intentaré, desde la postura freiriana, rescatar algunas de mis reflexiones sobre la práctica pedagógica desde la primera infancia hasta los estudios superiores, puesto que el hilo conductor de respeto y valoración de los procesos educativos son los mismos.

La necesaria formación humana desde la infancia

Paulo Freire escribe el 21 de abril de 1997 su última carta, inconclusa, con indignación ante la perversidad de cinco adolescentes que mataron por diversión a Galdino Jesus dos Santos, un indio pataxó en Brasilia, y perplejidad al pensar cómo se criaron esos seres humanos que *decrecieron* en su desarrollo vital.

¿Cómo fue su infancia? ¿Dónde jugaron? ¿Con quiénes se criaron? Quizá, dice Freire, se divertían estrangulando pollitos o prendiendo fuego a la cola de los gatos por el simple placer de escucharlos chillar bajo la complaciente mirada de adultos propiciadores de la "tiranía de la libertad". Esa falsa idea de libertad que permite a los niños y niñas gritar destempladamente, rayar paredes, patear puertas y piernas de las personas a las que, además, insultan. Lo más probable es que esos adultos no tengan conciencia de los hijos que le están dejando al mundo por lo que no ven las consecuencias de sus actos.

Si consideramos que en los seis primeros años se vida se

construyen los aprendizajes más relevantes de la vida de los seres humanos, por ejemplo, aprender a caminar, hablar, socializar, adquirir valores, ¿Dónde vivieron y por dónde caminaron en sus primeros años? ¿Cómo eran sus casas y qué hacían en sus barrios? ¿Qué escucharon cuando estaban aprendiendo a hablar? No da lo mismo que hayan aprendido a caminar por un basural que por un camino limpio, como no da lo mismo que hayan construido sus primeras palabras desde los gritos y la agresión que desde las palabras amorosas. Y eso no tiene que ver con las clases sociales.

¿En qué educación pensamos y cómo entendemos las infancias? ¿Infancia mediada, abandonada, situada, borrada, sobreprotegida, bancaria, programada, informal, alternativa, alterativa? No da lo mismo el tiempo y el espacio desde dónde las pensamos y las sentimos. Galindo Jesús, para esos jóvenes que lo quemaron, era solo un indio, una cosa inservible, un "eso". ¿Cuándo comenzaron ellos a divertirse con la perversidad? Regreso a sus infancias y los veo estrangulando pollitos, destruyendo plantas y pegando a sus compañeros.

Qué equivocados están los padres y las madres o qué mal preparados se encuentran para el ejercicio de su paternidad o maternidad cuando, en nombre del respeto a la libertad de sus hijos o hijas, los dejan a su albedrío, entregados a sus caprichos, a sus deseos. Qué equivocados están los padres y las madres cuando, sintiéndose culpables de ser, según ellos, casi malvados por decir un no necesario al hijo, lo cubren de inmediato de mimos que son expresión de sus arrepentimientos de lo que no tenían que arrepentirse de haber hecho. El niño suele percibirlos mimos como la anulación de la conducta restrictiva anterior de la autoridad. Tiende a percibir los mimos como un "discurso" de excusas que le presenta la autoridad (Freire, 2001).

¿Qué les hablaban en sus casas y en sus escuelas? ¿Había burla y desprecio hacia los indios, los negros, los pobres, las mujeres, los "inservibles"? ¿Cuál fue el testimonio que les dieron sus cuidadores, padres, madres, familia, profesores/as para pensar de esa manera perversa? ¿Cuál es, entonces, la ética que construye nuestros pensamientos y sentimientos en medio de mentalidades materialistas, poco decentes e injustas que desprecian la vida?

"Adivino el refuerzo de este pensamiento en muchos momentos de la experiencia escolar en los que el indio sigue minimizado. Tengo en cuenta el *todopoderosismo* de sus libertades, exentas de límites, libertades que se inclinan a la licenciosidad, riéndose de todo y de todos [...] No es posible rehacer este país, democratizarlo, humanizarlo, hacerlo serio con unos adolescentes que se diviertan matando a gente, ofendiendo a la vida, destruyendo el sueño, imposibilitando el amor" (Freire, 2001).

Terminar con la tiranía de la libertad no requiere del caso contrario de la tiranía autoritaria, sino que exige poner límites ya que, sin ellos, se corre el serio riesgo que desde la primera infancia se comience a gestar la falta de respeto hacia la dignidad de los otros/as. Es difícil que los y las niños/as aprendan democracia en espacios de libertinaje donde hacen lo que les da la gana o de autoritarismo donde están constreñidos y sometidos al poder del más fuerte. En uno se creen libres para hacer lo que quieran y en el otro terminan con un profundo miedo a la libertad. Cuando no hay límites o los hay en demasía no hay espacios ni tiempos para ejercerla de manera genuina.

La familia, el Jardín Infantil, la comunidad y la sociedad entera son quiénes pueden incrementar la humanidad, generar equidad y posibilitar resiliencia cuando se requiera mitigar el impacto negativo del contexto sociocultural en el cual se ha nacido y criado. Para que eso suceda, es preciso que la igualdad sea el punto de partida y que no se invisibilicen los rostros de la pobreza, miedo, dolor, impotencia, resentimiento y de la precariedad.

"Despreciando a los débiles, engañando a los incautos, ofendiendo a la vida, explotando a los otros, discriminando al indio, al negro, a la mujer, no estaré ayudando a mis hijos a que sean serios, justos y amantes de la vida y de los demás..." *(Freire, 2001).*

Educar a educadores/as en formación

Me gustaría, y en eso me empeño, que mis estudiantes disfruten y se interesen por el estudio, la lectura y la escritura del mundo con seriedad, convicción, compromiso y amor por lo que hacen. Que el estudio no les resulte una pesada carga ni una imposición sino una fuente de alegría y de placer para movernos mejor en el mundo. Creo que la práctica docente, aparte del fundamento primero de creer en los y las otros/as y amar al mundo, como señala Hanna Arendt, también consiste en el dominio de los saberes no solo para transmitirlos eficientemente, sino para relacionarlos, priorizarlos, discriminarlos en su relevancia y procurar que sea el propio alumnado quién realice estas operaciones de manera autónoma, tal como señala Freire en su analogía con la práctica de navegar que implicala necesidad de saberes fundamentales como el del dominio del barco, de las partes que lo componen y de la función de cada una de ellas, como el conocimiento de los vientos, de su fuerza, de su dirección, los vientos y las velas, la posición de las velas, el papel del motor y de la combinación entre motor y velas. En la práctica de navegar se confirman, se modifican o se amplían esos saberes (Freire, 2002).

Educar a quiénes van a ser educadores/as, sobre todo de la primera infancia, es una compleja tarea ética y política entre cuyos propósitos está el desestructurar la hegemonía de las prácticas pedagógicas dominantes y prevenir la formación del aniquilador *habitus* docente que hace del profesorado en formación unos repetidores mecánicos, incluso, antes de llegar a la escuela. Claro que esos/as alumnos/as aprendieron a ser profesores/as cuando ingresaron a estudiar en primer año básico, mirando y escuchando a sus profesores/as. Revertir el *habitus* docente podría lograrse a través del diálogo, la escucha respetuosa, el debate permanente y la reflexión crítica para discutir los problemas de manera más genuina y menos ingenua.

¿Cuáles son, entonces, los cambios que necesitamos en la escuela? ¿Cómo adquirimos y expresamos la conciencia política? Por cierto que eso requiere no solo de destrezas pedagógicas, afectivas, colaborativas y participativas garantes de la calidad de los procesos de enseñanza y de aprendizaje, sino de la capacidad de autocrítica del profesorado para que revise su compromiso con la educación y su práctica en la escuela, sea consciente de sus actos y desarrolle la voluntad de servicio público en tanto derecho que a todos nos concierne. De acuerdo con Freire, también se necesita la capacitación científica, la claridad política, el gusto, el deseo, y la curiosidad latente de querer saber siempre más. Gracias a eso, podrían mostrar el ejercicio de la opción ética clara de cumplir bien su trabajo docente y rechazar el papel de seguidores dóciles de paquetes de instrucciones que les son dadas.

Una escuela ética y no moralizante

Es preciso y hasta urgente que la escuela se vaya transformando en un espacio acogedor y multiplicador de ciertos gustos democráticos como el de escuchar a los otros, ya no por puro favor sino por el deber de respetarlos, así como el de la tolerancia, el del acatamiento de las decisiones tomadas por la mayoría en el cual no debe faltar, sin embargo el derecho del divergente a expresar su contrariedad (Freire, 1993).

No podemos negar que la escuela reproduce gran parte de la sociedad porque sus heredados esquemas teóricos y prácticos han sido social y culturalmente construidos y re-construidos en medio de una multiplicidad de factores complejos que la han tipificado como un espacio y tiempo de repetición y no de creación, de acatamiento y no de análisis, de aislamiento y no de participación. Las prácticas escolares mecánicas han llevado al profesorado a pensar que todo el alumnado está predispuesto a recibir el conocimiento de la misma forma, con el mismo estado anímico y el mismo nivel de comprensión y de razonamiento. Así se hace fácil depositar en sus mentes -educación bancaria- palabras totalmente desvinculadas y descontextualizadas con sus preocupaciones y sus entornos, oponiendo, a través de sus sistemas escolares, la pedagogía crítica a la reproducción de la injusticia social (Mac Laren, 1998).

Allí vemos cómo se transgrede la ética a través del desvalor de la vida y del respeto, de la despersonalización y negación del significado cultural de la pedagogía. Para revertir esos efectos se necesita un profesorado mediador consciente de su rol de agentes de cambio y vicarios de la cultura (Feuerstein, 1991) que construyan junto al alumnado una pedagogía diferente que no siga reproduciendo de manera endógena las actitudes pasivas y heterónomas propiciadas por la misma institución. El riesgo que se corre, si eso sucede, es la ceguera ante la arbitrariedad cultural de la violencia simbólica que emerge "cuando se dan las condiciones sociales de la imposición y de la inculcación" (Bordieu y Passeron, 2001).

Los y las profesores/as deberíamos preguntarnos constantemente por qué, para qué enseñamos y a quiénes les enseñamos, y los y las alumnos/as preguntarse para qué me sirve lo que aprendo, dónde lo puedo aplicar y cuál es el sentido de aprehenderlo. Eso implica tener apertura cognitiva e ideas muy claras sobre el rol docente y discente como también la osadía de nadar contra la corriente, porque siempre habrá aquellos/as que se mofan de esas preguntas pues prefieren la confortable posición de quien no hace nada por moverse. Es la opción radical que se nos presenta entre enseñar para domesticar o para ser libres, o sea, optar por una educación "para el hombre-objeto o educación para el hombre-sujeto" Freire (1998). Frente a una sociedad dinámica, inestable, en transición permanente, no podemos admitir una educación que lleve al alumnado a posiciones "quietistas" de aceptación tácita de todo lo que ven y escuchan, sino que les lleven a escuchar diversas posiciones para elegir entre ellas las que más les hacen sentido, preguntar si es que tienen dudas, investigar si algo les inquieta.

Si bien por razones epistemológicas no es posible afirmar de modo concluyente que si nos comprometemos con un proyecto educativo ético, social y político lograremos prácticas de calidad, podemos señalar que al menos, aun cuando nos agobiemos, lo intentaremos con intencionalidad para lograr la reciprocidad de los educandos, con significado para encontrar el sentido de los aprendizajes y con trascendencia para lograr la autonomía mental (Feuerstein, 1991). Pero lo que no podemos perder es el sentido y valor del compromiso contraído y la convicción de que nuestros alumnos y alumnas son sujetos históricos insertos/as en una sociedad específica que les exige ciertos comportamientos y actitudes, razón por la cual tenemos que estar alertas para no caer en la complacencia de pensar que todo está bien y que no hacen falta cambios, ya que eso puede llevarnos a limitar el proceso educativo a un asunto meramente técnico, burocrático o rutinario. Alonso, un profesor de quien rescato una profunda raíz freiriana me dijo lo siguiente:

> *Me sigue motivando el hecho de levantarme cada día y venir a la escuela y decir: 'a ver que me tienen preparado hoy los alumnos', sencillamente, me motiva eso, el ver si cualquier cosa que el día anterior surgió y que se ha quedado a medias, la puedo llegar a solucionar; si a ese alumno que tiene dificultades puedo ayudarlo...*

El *ethos* de la escuela

La educación, la teoría y la práctica se dan en un *ethos* político que se sustenta en elementos socioculturales dinámicos y propicios para que las experiencias aisladas puedan comunicarse y compartirse. Su existencia puede favorecer los cambios y la consolidación de los aprendizajes en las escuelas, los que en algunos momentos serán revolucionarios, en otros podrán parecer indiferentes, y en otros mostrarán claras implicancias éticas del trabajo profesional bien hecho. Eso muestra que la escuela no es un simple emplazamiento de enseñanza, sino un *ethos* cuyo proceso transcurre en un tiempo y un espacio educativo crítico que recrea las pautas culturales por donde va la organización del tejido social. Entenderlo implica tensar lo pedagógico para abrir posibilidades de relaciones dialógicas, trascender la mera contemplación de los acontecimientos educativos escolares, y reconocer con responsabilidad y compromiso que faltan líneas orientadoras que propicien la participación activa en la producción de conocimiento en sus dimensiones moral, política y cultural (Mac Laren, 1998).

Por una parte, significa pensar un nuevo *ethos* docente, en donde la relaciones con los y las alumnos/as sean más humanas y significativas y en donde propiciemos que el profesorado, alumnado, padres y madres asuman su responsabilidad de comprender y amar al mundo para cambiarlo. Por otra, implica una pedagogía radical que supere la falta de compromiso práctico y la retórica de los discursos de cambio que niegan y mistifican la experiencia del profesorado en vez de afirmarla (Gore, 1996).[2] Las acciones docentes no pueden entenderse al margen de la condición humana por muy tecnificada que se vuelva la tarea, puesto que los profesores y las profesoras, estudiamos, aprendemos, enseñamos y conocemos con nuestro cuerpo, sentimientos, emociones, deseos, miedos, dudas, pasión y con la razón crítica, todo aquello que se manifiesta cotidianamente y transforma el mundo de lo que acontece (Gimeno, 1999).

La no neutralidad en la escuela

El elemento político de la educación es independiente de la subjetividad del educador; es decir, es independiente de que el educador sea consciente de dicho factor, que jamás es neutral. Una vez que comprende esto, el educador ya no podrá escapar a las ramificaciones políticas (Freire, 1990).

No existen los profesores neutrales ya que es tan válido lo que hacen como lo que no hacen o dejan de hacer, pero lo que necesitamos saber es si son conscientes de lo que hacen, por qué lo hacen y si conocen los intereses para los que trabajan. Nin-

---

2. Aquello me condujo a investigar, por años, a los y las buenos/as profesores/as comprometidos con un proyecto educativo para tensar lo pedagógico y abrir la probabilidad de conectar, de acuerdo a Gore (1996), la teoría de quienes escriben sobre pedagogía crítica y la práctica de quienes la concretan en el aula.

gún/a profesor/a puede pensar la educación independientemente del poder que la constituye, ya que si lo hace, siempre correrá el riesgo de dejarse domesticar por cualquiera que tenga el poder de someterlo con ideologías más fuertes, con el riesgo de que su práctica quede reducida solo a un repertorio de técnicas de comportamiento (Freire, 1990), condicionamiento que para Cortina (2000) sería un "vasallaje moral" que los transformaría en "súbditos" del sistema.

Para evitarlo hay que tener conciencia de las acciones para saber si se actúa por voluntad propia o ajena y para no aceptar lo que se dice sencillamente porque alguien lo dijo. Estar dispuestos/as a pensar no es una obviedad porque esa facultad debiese utilizarse para facilitar la conciencia de lo aprendido, ir más allá de los comportamientos esperados, activar las ideas y la curiosidad crítica que movilizan la acción, y develar las complejidades epistemológicas del pensamiento pedagógico sin la cual se dificulta la recreación de las cosas y de los hechos.

"Lo que necesitamos es el desafío a la capacidad creadora y a la curiosidad que nos caracterizan como seres humanos y no abandonarlas a su suerte o casi, o, peor aún, dificultar su ejercicio o atrofiarlas con una práctica educativa que las inhiba" (Freire, 2001).

También es preciso señalar que existe gran parte del profesorado que se siente bien con lo que hacen y que hacerlo bien es una muestra de la subjetividad por el gusto y la satisfacción que les produce cada día de trabajo, a diferencia de quiénes manifiestan que levantarse para ir a trabajar es un lastre difícil de acarrear. Ambas características las podemos apreciar cuando nos preguntamos, al igual que Freire, por nuestras concepciones del mundo de la escuela, por las maneras en que abordamos el conocimiento y por el trato que le damos al alumnado.

No da lo mismo transmitirles ideas que debatirlas con ellos/as, quedarnos en la superficie o profundizar el conocimiento, educarles para que sean partícipes activos del proceso de enseñanza y de aprendizaje o para que sean objetos receptores pasivos de lo que queremos inculcarles. En este último caso, es fácil comprender que dictamos las ideas, no las cambiamos, así como dictamos las clases sin debatir o discutir los temas.

> *"Trabajamos sobre el educando. No trabajamos con él. Le imponemos un orden que él no comparte, al cual sólo se acomoda. No le ofrecemos medios para pensar auténticamente, porque al recibir las fórmulas dadas simplemente las guarda"* (Freire, 1998).

Enseñar y aprender, parte de un mismo proceso

Cuando Freire, en *Cartas a Cristina* (1996), hace recuerdos de su vida, se refiere a la enseñanza y a la escuela que quería formar:

> *En última instancia yo me empeñaba en hacer una escuela democrática, estimulando la curiosidad crítica de los educandos; una escuela que, siendo superada, fuese sustituida por otra en la que ya no se recurriese a la memorización mecánica de los contenidos transferidos, sino en la que enseñar y aprender fuesen partes inseparables de un mismo proceso, el de conocer. De esta forma, al enseñar la educadora reconoce lo ya sabido, mientras el educando comienza a conocer lo que aún no sabía. El educando aprende en la medida en que aprehende el objeto que la educadora le está enseñando.*

Enseñar y aprender son parte de un mismo proceso cuya relación es más que la mera dependencia ontológica, o sea, más que la sola existencia de una para que exista la otra. Cuando el profesorado, a través de relaciones dialógicas, asume una postura dinámica ante el mundo son más propensos a escuchar, preguntar e investigar para alcanzar los objetivos propuestos y asumir la responsabilidad de crear, recrear y buscar las mejores experiencias para que sus alumnos/as aprendan. En caso contrario, se trataría de un "acto de consumo" donde el proceso educativo solo consta de artificios, programaciones aprendidas y transferencia de contenidos sin debate ni deliberación. Por lo tanto, las ideas no se incorporan, "porque la incorporación es el resultado de la búsqueda de algo que exige, de quien lo intenta, un esfuerzo de recreación y de estudio. Exige reinvención" (Freire, 1998).

Dice un profesor:

Recuerdo, especialmente, que yo siempre había pensado que cuando uno estudiaba para ser profesor, lo que le iban a enseñar era la manera como debía tratar a los alumnos, la manera como más adecuadamente uno podría conseguir que sus alumnos aprendieran, y lo que veía de mis profesores era justamente lo que había estado viendo de mis profesores de escuela durante toda mi vida, que me estaban enseñando justamente a no enseñar, y aquello ya me causaba una gran frustración, es decir, si esto es lo que la gente que me está formando para profesor quiere que luego yo haga cuando sea profesor, pues realmente... no lo entiendo (Alonso).

El posicionamiento político del profesorado

El posicionamiento político del profesorado trasciende las retóricas de participación, proselitismo y posturas político partidistas ya que les conecta con los intereses del alumnado y con las necesidades de la sociedad para evitar tornarse ahistóricos, pasivos o heterónomos. Si eso último sucediera se correría el gran riesgo de crear modelos de conducta uniformes, discriminatorios, con discursos "descontextualizados, agresivos, inoperantes, autoritarios y elitistas" (Freire, 2001) que se transformarían en prácticas favorecedoras de la homogenización de la escuela.

Quiénes educamos, aunque no seamos conscientes, siempre estamos implicados en un acto político porque formamos parte del proceso; lo reproducimos o lo recreamos, lo hacemos más estático, más flexible o lo modificamos. Eso sucede porque la educación, que no es neutra, siempre expresará las ideas de la sociedad ante las cuáles siempre tendremos algo que pensar y decir (Apple, 1986; Freire, 1990, 2001; Mac Laren, 1998; Popkewitz, 1990). Por eso, considerar la educación separada de la política es reducirla a un entrenamiento técnico suficiente para reproducir las incongruencias escolares. El peligro radica en que el comportamiento despolitizado se asuma tácitamente y genere una práctica docente que prive del sentido de su propia cultura.

> *Si la educación sola no transforma la sociedad, sin ella tampoco cambia la sociedad. [...] Si nuestra opción es progresista, si estamos a favor de la vida y no de la muerte, de la equidad y no de la injusticia, del derecho y no de la arbitrariedad, de la convivencia con el diferente y no de su negación, no tenemos otro camino que vivir plenamente nuestra opción, encarnarla, disminuyendo así la distancia entre lo que hicimos y lo que hacemos* (Freire, 2001).

De acuerdo a investigaciones de las historias de vida que he realizado con profesores y profesoras posicionados políticamente, puedo señalar, fundamentada por Freire, que están abiertos al mundo, dispuestos a pensar, a dudar y a no aceptar cualquier idea, predispuestos a leer y releer el mundo, a investigar y cuestionar. Ellos y ellas dialogan en términos críticos,[3] rechazan el entrenamiento técnico como forma de educar, cuestionan las normas impuestas e injustas, no aceptan tácitamente todo lo hecho o dicho sin analizar el beneficio o perjuicio para sus alumnos/as y se esfuerzan por crearles tiempos y espacios significativos para facilitar la calidad de sus aprendizajes.

En su práctica, se observa la claridad en sus planteamientos y cuando explican sus ideas se nota la congruencia de sus argumentos. Saben lo que tienen que hacer ya que han analizado y reflexionado sobre los hechos, asumen una actitud inquisitiva y curiosa y no se quedan quietos/as buscando qué hacer y qué nuevos aprendizajes obtener. Se interesan por leer, escribir, manifes-

---

3. Pasé un año acompañándolos en sus clases y pude conocer *in situ* sus acciones cotidianas en la escuela.

tar sus ideas, asistir a encuentros educativos y por lo que sucede en el mundo en el que viven. Solidarizan con diferentes causas sociales y mantienen esa postura de manera coherente con su actuar cotidiano. Con los colegas desarrollan creativamente proyectos educativos, crean sus propios proyectos y recrean los antiguos adecuándolos a la realidad del alumnado (López de Maturana, 2016).

El posicionamiento político puede transformar la queja fácil y la indiferencia del profesorado en elementos para el cambio, por ejemplo, a través de la búsqueda de coherencia en sus acciones, del planteamiento de alternativas optimistas, de la búsqueda de participación con la comunidad, o de la intencionalidad para involucrar a sus colegas, directivos y alumnos/as en un proyecto común. Esas son características relevantes para transformar un ambiente escolar pasivo aceptante en uno activo modificante (Feuerstein, 1991) y proporcionar una base significativa para el trabajo anti-hegemónico. De esa manera podrían hacer frente al sistema y no lamentarse por lo que no pueden hacer, lo que significa, de acuerdo con Freire, reconocer que la historia es un tiempo de posibilidades y no de determinismo.

La educación escolar necesita del posicionamiento político del profesorado para lograr que "lo político se convierta en algo más pedagógico, es decir, para que la reflexión y la acción críticas se conviertan en parte fundamental de un proyecto social..." (Giroux, 1990). En palabras de Freire (1994), la escuela necesita de acciones "sustantivamente políticas y adjetivamente pedagógicas" para entender las intenciones que se ocultan detrás de las imposiciones y las razones de los propios miedos del profesorado. Estar posicionados/as políticamente facilita abordar el problema educativo desde una perspectiva crítica, desenmascarar las pretensiones dominantes y no entrar en el juego del sometimiento institucional que muchas veces intenta que los y las profesores/as solo se acomoden ante cambios tecnocráticos.

Una de las diferencias fundamentales entre el ser que interviene en el mundo y el que se limita a moverse sobre su soporte es que, mientras que el segundo se adapta o se acomoda al soporte, el primero solo tiene en la adaptación un momento del proceso de su búsqueda permanente de su inserción en el mundo. [...] Adaptándose a la realidad objetiva, el ser humano se prepara para transformarla. En el fondo, esta "vocación" para el cambio, para la intervención en el mundo, caracteriza al ser humano como proyecto, del mismo modo que su intervención en el mundo envuelve una curiosidad en constante disponibilidad para alcanzar, perfeccionándose, la razón de ser de las cosas (Freire, 2001).

Una reflexión crítica para el cambio

Cuando los y las profesores/as descubren la responsabilidad que les compete en el acto educativo y comprenden la complejidad del trabajo docente ya no hay pie atrás, se motivan, toman conciencia que su actitud es clave para la transformación, y en el mejor de los casos, adquieren la fuerza emancipatoria que les permite liberarse paulatinamente de la enajenación. Sin embargo, hay una buena parte del profesorado que no reflexiona, no debate no reelabora ni profundiza en los temas pedagógicos, lo que contribuye a acrecentar las posiciones ingenuas que los mantiene en la periferia epistemológica y como señala Freire, los deja en posición de una sabiduría inauténtica.

¡A veces los educadores se olvidan de reconocer que nadie puede ir de una acera a la otra sin cruzar la calle! Nadie alcanza el otro lado partiendo del mismo. Sólo se puede llegar al otro lado partiendo del opuesto. El nivel de mi conocimiento actual es el otro lado para mis estudiantes. Debo comenzar desde el lado opuesto, el de los estudiantes. Mi conocimiento es mi realidad, no la de ellos. De modo que debo partir de su realidad para traerlos a la mía (Freire, 1990).

Nuestro rol pedagógico está desafiado por el imperativo ético de develar temas que, muchas veces, son ignorados, menospreciados y excluidos del pensar, sentir y hacer del profesorado. Como dije en otro lugar, sería un buen aporte dedicarnos a re-significar lo conocido desde relaciones hipotéticas inéditas que iluminen las complejidades del proceso educativo, superando las tentaciones superficiales y complicadas que han llevado al sistema escolar a un aparente callejón aporético. Finalizo con un comentario de un profesor de escuela: *"Muchos colegas capean el temporal como pueden, dicen: 'hoy es un mal día, ¡hoy estaba el fulanito o el menganito insoportable!'; '¿y qué has hecho?'; '¿qué he hecho?', 'lo he anotado y lo he expulsado de la clase'. Claro, ya se ha arreglado el problema, evidentemente, si lo has expulsado de la clase ya se ha arreglado el problema, tu has podido seguir dando clase a los demás..."* (Alonso).

Bibliografía

Apple, Michael, (1986). *Ideología y Currículo.* Ediciones Akal: Madrid.

Arendt, Hannah (2001). *La condición humana.* Paidós: Barcelona.

Bourdieu, Pierre; Passeron, Jean-Claude. (2001) *La Reproducción. Elementos para una Teoría del Sistema de Enseñanza.* Editorial Popular: Madrid.

Cortina, Adela (2000) *La ética de la sociedad civil.* Madrid: Anaya.

Feuerstein, Reuven, (1991). *Mediated Learning Experience (MLE). Theoretical, Psichosocial and Learning Implications.* Freund Publishing House Ltd.: London.

Freire, Paulo (2002) [1993]. *Cartas a quien pretende enseñar.* Siglo XXI: México.

-(2001). *Pedagogía de la indignación.* Morata: Madrid.

-(1998) [1969]. *La educación como práctica de la libertad.* Siglo XXI: México.

-(1996) *Cartas a Cristina. Reflexiones sobre mi vida y mi trabajo.* Siglo XXI: Madrid.

-Freire, Paulo, (1990) [1985]. *La naturaleza política de la educación. Cultura, poder y liberación.* Paidós: Barcelona.

Gimeno, José (1999). *Poderes inestables en educación*. Morata: Madrid.

Giroux, H. (1990) Introducción en Freire, P. *La naturaleza política de la educación*. Paidós: Barcelona.

Gore, Jennifer (1996) *Controversias entre las pedagogías*. Morata: Madrid.

López de Maturana, Silvia (2016). *Los buenos profesores: Educadores comprometidos con un proyecto educativo*. Editorial Universidad de La Serena: La Serena.

Mc Laren, Peter (1998). *Pedagogía crítica y cultura depredadora*. Paidós: Barcelona.

Popkewitz, Thomas S. (Ed) (1990) *Formación de Profesorado. Tradición. Teoría. Práctica*. Servei de Publicacions:Valencia.

6

EDUCACION COMUNITARIA-POPULAR Y PEDAGOGÍA DE LO COMÚN: ITINERARIOS, TENSIONES Y HUELLAS FREIRIANAS[1]

JORGE OSORIO VARGAS

Recuperación memorial e introducción temática

En un artículo publicado en 2004, que debe leerse como un proyecto reflexivo y textual de sistematización de los trabajos de investigación-acción y de educación popular, ciudadana y de adultos de los que fui partícipe desde los pasados años setenta (Osorio, 2004; Osorio, 1994), propuse que la fase "contemporánea" de la educación comunitaria latinoamericana se inicia en aquella década, enmarcada en los planteamientos de Iván Ilich (Ilich, 2011), la pedagogía de la liberación de Paulo Freire (Freire, 1975) y la investigación–acción participativa promovida por Orlando Fals Borda (Fals Borda, 1985). Tendencias que, luego, convergieron con los procesos de educación popular de base comunitaria desarrollados, en las décadas posteriores y bajo condiciones políticas diversas (gobiernos reformistas, procesos revolucionaros, dictaduras militares, resistencia social y defensa de los derechos humanos) por organizaciones no gubernamentales, iglesias, centros de estudios y movimientos y organizaciones sociales bajo diversas modalidades, especialmente como "educación política", educación campesina y rural y formación de dirigentes de base, educación para la organización social de las mujeres alfabetiza-

---

1. Este ensayo fue escrito durante los meses de marzo y abril de 2018 como un texto memorial acerca de mi testimonio y protagonismo en la red de educadores-as populares de América Latina, construyendo puentes con colegas asociados a proyectos de la misma naturaleza en sus respectivos países

ción y educación de adultos, educación de los derechos humanos.

Sostenía en tal texto que desde principios de los años noventa, dada la exigencias de re-pensar las bases antropológicas y valóricas de la reconstrucción de las instituciones democráticas post-dictaduras militares y acuerdos de paz, vislumbrábamos un nuevo ciclo de la educación comunitaria, retomándose ideas germinales de a la primera utopía freiriana: la educación emancipadora como posibilidad de desarrollar la comunicabilidad democrática desde una pedagogía del conflicto y del diálogo cultural orientada a la construcción de un poder popular-ciudadano con capacidad auto constituyente. Escribí:

"Este ciclo es un sedimento vivo de las autocríticas de los anteriores momentos: estamos ante un "desmontaje", una desconstrucción, de las "síntesis definitivas", de las narrativas cerradas, de los proyectos sin alteridad crítica, de los enfoques unilaterales del cambio. La comunicabilidad como metáfora freiriana nos abre al mundo plural e híbrido de los sujetos, invita a construir alianzas entre movimientos diversos articulados por una visión crítica de la realidad y a la constitución de redes de actores sociales dispuestos a pensar en un "otro" distinto al pensamiento neoliberal. Siguiendo esta formulación, podemos señalar que esta educación popular de inspiración freiriana se constituye potenciando la creación de mapas de posibilidades y de actuación para los sujetos, cursos de acción para que estos –desde espacios locales y particulares– fuesen capaces de construir alteridades valóricas y nuevas formas de hacer política global" (Osorio, 2004).

Estudios de fines de los años ochenta realizados en la Nicaragua sandinista, en Chile, desde la práctica de defensa de los derechos humanos y de reconstitución de un tejido social democrático, y en Perú y Brasil, sobre las contribuciones de la educación popular en el campesinado y en los movimientos sociales altermundistas, pusieron de relieve el tema de la consistencia de las prácticas pedagógicas de la educación popular. Se sostenía en estos estudios, que las ideas educativas de Paulo Freire habían sido absorbidas por una práctica política que minimizó los alcances pedagógicos de todo proceso de aprendizaje político. Por ello, se comenzó a hablar del déficit pedagógico de la educación popular, de la banalización de las técnicas grupales usadas habitualmente en los programas desarrollados en los sectores populares y de una pérdida de la capacidad de sistematización y de investigación de los-as educadores-as populares (Osorio, 2003).

En el fondo, lo que se sostenía con esta mirada crítica era que la educación popular había terminado practicándose como un método de organización popular sin considerar las dinámicas pedagógicas, es decir las reglas y la teoría que relacionaba la política con los procesos de generación de aprendizajes y conocimientos y de formas de validación de estos. Se planteaba que la educación popular adolecía de un pragmatismo que no conducía efectivamente a procesos de aprendizaje y cambio ni a la generación de estrategias de gestión de la cultura de las comunidades y de las formas de organizar territorialmente la educación de los sectores populares más allá de la implementación de acciones vía la tecnología de los "proyectos".

Mi opinión fue que no se trataba de una crisis de eficiencia, ni siquiera de capacidades pedagógicas, sino de una reubicación del campo propio de la educación popular y de su aporte en la creación de mayor poder para los movimientos sociales bajo las nuevas condiciones políticas y económicas que la globalización neoliberal demarcaban al continente. En sentido estricto, lo que constituía el principio de identificación central de la educación popular, cuál era la construcción de una sociedad socialista, estaba siendo sometido a una disputa entre las diversas expresiones culturales y políticas de los movimientos sociales y de la izquierda latinoamericana desde antes de 1989. Los movimientos de derechos humanos en el Cono Sur, el sandinismo, los movimientos de reconstrucción democrática y paz en Colombia, los movimientos sociales brasileños, el movimiento feminista, los primeros grupos de ecología política, entre otras manifestaciones, estaban colocando las reglas del debate político de una manera distinta a la que había conocido la educación popular desde su proceso originario en los pasados años sesenta y setenta. A mi entender, lo que se quería indicar cuando se manifestaba la importancia de fortalecer la dimensión pedagógica de la educación era la necesidad de construir un nuevo concepto práctico del poder y su correlato en el campo de la cultura y de los aprendizajes para ejercer un poder social transformador.

La creciente autonomía de los movimientos sociales en relación los partidos políticos de la izquierda histórica, el fortalecimiento de nuevos movimientos ciudadanos y políticos (como el Partido de los Trabajadores (PT) en Brasil), la emergencia de nuevos sujetos sociales que trabajaban en perspectiva de democratizar la sociedad en todas sus dimensiones (por ejemplo el movimiento feminista), la valoración del espacio local y regional como ámbitos de refundación de alternativas políticas y la emergencia política de los movimientos indígenas (el zapatismo en México) convergían en la configuración de una nueva "pedagogía política".

En los ciclos originarios de la educación popular habían tenido gran influencia la teoría de la dependencia, la teología de la liberación, el humanismo marxista de Paulo Freire y la teoría de la educación dialéctica (Núñez, 1985). Dependiendo de los contextos nacionales diversas versiones del marxismo jugaron un rol particular en la educación popular (hubo "educaciones populares" maoístas, foquistas, nacional-populares, frentistas, socialdemócratas), siempre con el trasfondo de la teoría del conocimiento liberador elaborada Paulo Freire y su método dialéctico de "aprender a leer la realidad para transformarla". Este fue el foco común que hizo de la educación popular una práctica educativa crítica y antisistema, vinculada a los movimientos de liberación y de resistencia y que abasteció a los movimientos populares de un sentido de autonomía, entendida como la capacidad cultural de construir alternativas de izquierda desde la lógica de la acción colectiva y comunitaria, no supeditada necesariamente a los partidos políticos tradicionales de la izquierda. Esta "teoría" de la educación popular fue resistida por algunos referentes políticos revolucionarios que entendían que cualquier proceso de cambio social exigía una vanguardia expresada en un partido o movimiento, al cual debían subordinarse los sujetos sociales organizados como movimientos o comunidades de base. Esto ocasionó tensiones entre la educación popular, y sus nuevas maneras de entender la política, y algunos partidos marxistas. Sin embargo, esta teoría autonomista, que encarnó la educación popular, que definió, *avant la lettre*, las expresiones populares de base como *nuevos* movimientos sociales dado que promovían la creación de una cultura política nueva, que debía fundarse en una democracia participativa y en la creación de un poder popular territorializado e institucionalizada a través de formas democráticas participativas.

En esta época que analizamos no hay rastros de que el marxismo ortodoxo de cuño soviético, propiamente tal, hubiere jugado un rol catalizador del imaginario político de la educación popular: la propia teoría de la educación dialéctica tuvo más de "teología de la liberación" y de un análisis político sustentado en los manuales de "estudio de coyuntura para educadores populares" generado en los diversos contextos nacionales, bajo la lógica del "ver-juzgar y actuar", metodología propia de los movimientos cristiano de izquierda , que enfatizaban las dimensiones culturales que Freire le asignaba al aprendizaje social y político de las comunidades a través de los "círculos de cultura", la "investigación temática" y la investigación participativa orientada a la acción colectiva. Esta teoría freiriana fue paulatinamente enriquecida por nuevos enfoques o "teorías de base" a partir de las experiencias históricas de la educación popular en diversos países, por ejemplo, los enfoques de los derechos humanos, del feminismo, de la economía popular y del desarrollo local, de la eco-política y de la educación indígena.

Sostenía que otro de los factores claves para entender este proceso crítico era la adopción de los enfoques analíticos de Antonio Gramsci en las nuevas dinámicas constituyentes de la educación popular. En efecto, la influencia de Gramsci en la década de los años noventa ocasiona un cambio sustantivo en la educación popular y comunitaria de la pedagogía política de los movimientos sociales emergentes de manera convergente con las contribuciones de la corriente de la pedagogía crítica–dialógica (Ferrada, Flecha, 2008; Ghiso, 2000) y las estrategias pedagógicas deliberativas de los movimientos sociales que adquirirán gran visibilidad global en la coyuntura del 2011 (Padierna, 2009; Zibechi, 2008; Ortiz, 2013; Torres, 2015). Concluí que el "encuentro" con Gramsci es tremendamente virtuoso para la educación popular y la revaloración del trabajo cultural y educativo desde los procesos identitarios y constituyentes de los colectivos sociales por varias razones. Gramsci plantea el valor estratégico que tiene en la construcción de una nueva hegemonía el trabajo "en la cultura". Desde este punto de vista, hace un análisis ajustado de las instituciones culturales burguesas, de la Iglesia y de la educación escolar. Valora la cultura popular, el lenguaje popular y sus saberes y considera clave trabajar desde tales escenarios, manifestaciones vernáculas[2] e imaginarios sociales para construir un nuevo conocimiento y prácticas políticas (Gramsci, 2004)

Desde tales puntos de vista propuse pensar la educación comunitaria desde las nuevas experiencias de la educación popular y del trabajo comunitario surgidas en Chile en el proceso de la transición gubernamental a la democracia desde 1990, que estaban:

- redefiniendo los argumentos políticos que la sustentaron durante la dictadura (por ejemplo, desde la crítica al patriarcado, a la no-sustentabilidad ecológica del neoliberalismo y de la economía extractivista y a la crisis de la democracia representativa dominante (identificada como una ciudadanía "de baja intensidad") que bloqueaba el ejercicio de una democracia participativa ("ciudadanía incidente").

- ubicando protagónicamente en el escenario político a nue-

---

2. Iván Illich sostiene que el término "vernáculo" implica la idea de "arraigo", de morada, todo lo cultivado en casa en oposición a lo que se obtenía por intercambio (Illich, 2016)

vos sujetos pedagógicos provenientes de agencias emergentes como eran los movimientos estudiantiles, los colectivos de educación libertaria y las nuevas generaciones de educadores-as populares que, específicamente en el caso chileno, resitúan los enfoques de trabajo educativo con los sectores populares en una perspectiva de democratización radical de la sociedad (González, Ramos, 2013; Fauré, 2011; Colectivo Diatriba, 2012; Molina, 2008) junto a las organizaciones feministas, eco-políticas y a las redes que promueven "educaciones alternativas" y "pedagogías y escuelas críticas" (Osorio, 2015).

Estas manifestaciones resumían en dos afirmaciones lo que entendía por el sentido pedagógico-comunitario de las experiencias, prácticas, proyectos y saberes que se, manifestaban en el contexto emergente post 1990:

- El debate pedagógico no es principalmente una cuestión disciplinaria sino ética, que plantea bases abiertas para establecer proyectos educativos comprensivos e integradores de las diversas dimensiones del ser humano. Por ello, la condición crucial del debate pedagógico es construir la comunicabilidad, la participación, el diálogo, la educación como una "esfera pública".

- La educación comunitaria debe desarrollarse como una pedagogía conversacional, a través de la confrontación de dilemas y encrucijadas, polémicas y conflictos generados en la vida cotidiana de base-material y subjetiva , del desarrollo de los territorios , barrios y comunidades y de las demandas ciudadanas por justicia social y participación democrática efectiva, para llegar a ser inspiradora de la acción comprensiva, reflexiva, situada, significativa , interpretativa , crítica y orientada a la actuación de los sujetos en cuanto "sujetos colectivos- comunitarios".

Teniendo en cuenta estas nuevas configuraciones me permití plantear una agenda pedagógica de la educación comunitaria haciéndola transitar por las siguientes coordenadas:

- como proceso de producción de identidades en relación con sistemas de poder, redes sociales e intercambio de saberes;
- construyendo una visión política que forme parte de una plataforma para revitalizar la vida pública democrática;
- nutriéndose de saberes sociales, culturales que den sentido a las circunstancias de los sujetos y de sus comunidades
- estableciéndose como una "pedagogía de la diversidad" a través de la cual el trabajo educativo sobre los "derechos" y "identidades" culturales, de género, étnicas, etarias y residenciales exigen la crítica de la historicidad negativa del neoliberalismo y el desmontaje de las estructuras culturales e institucionales de toda discriminación, exclusión , estigmatización , humillación y vulneración de la dignidad humana (Osorio, 2004).

Asociaba la educación comunitaria con el desafío de construir ciudadanías democráticas activas e incidentes a través de:

- La ampliación de los derechos civiles y sociales de hombres y mujeres.
- La práctica de acciones democráticas directas, una intervención más contundente a nivel de las agendas de la opinión pública, a través del control ciudadano de las políticas gubernamentales.
- Una reinvención de las instituciones del poder local, como espacios de reconstrucción de las relaciones sociales, culturales y económicas de la sociedad civil popular.
- Una demanda por un desarrollo humano económica y ambientalmente sustentable.
- La creación de capacidades y competencias para controlar (*accountaility*) la autoridad política desde las organizacio-

nes y movimientos ciudadano de base comunitaria y territorial, como un proceso asociativo, protagonizado por redes, movimientos, opiniones públicas locales y regionales, que entienden su política como construcción de poder, de derechos y de responsabilidades (*empowerment*) (Osorio, 2004)

En 2006, participando en un libro colectivo sobre los nuevos contextos, actores y desafíos de la educación popular latinoamericana (Osorio, 2006) volví a poner atención al significado de una pedagogía comunitaria, esta vez como una propuesta de "pedagogía de lo común", valorando las experiencias de los movimientos sociales locales y globales altermundistas, ecologistas, feministas, de los derechos humanos, juveniles, indígenas y de reivindicación de memorias históricas colono- invisibilizadas, en cuanto espacios educativos, de afectación mutua, reciprocidad, cuidado, solidaridad y construcción de "sentidos de comunidad" (Paredes, 2013) y que llegarían a tener una expresión mundial en la coyuntura de 2011 en movimientos como los Indignados, las mareas ciudadanas, M-15 español y el movimiento estudiantil en Chile (Castells, 2013; Ortiz, 2013; Hall, Colver, Crowther, Scandrett, 2012; Fauré, Miranda, 2016).

A continuación, quisiera desarrollar las coordenadas de la educación comunitaria desde aquellos años de la década pasada de los noventa, coyuntura global de 2011 mediante, y las condiciones de posibilidad de una pedagogía de lo común en cuanto horizonte de transformación de las prácticas educativas .

La educación comunitaria en la visión de sus actores: coordenadas actuales y saberes pedagógicos

Estudios de actualización de la educación comunitaria a nivel global, con especial atención a la realidad latinoamericana y española han identificado procesos emergentes relacionados con la potencialidad emancipadora de las acciones educativas auto-gestionadas por las organizaciones de base, los movimientos sociales y las instituciones públicas y no-gubernamentales (Civís, Riera, 2007; Carbonell, 2015). Se describe que el reconocimiento del valor educativo de las experiencias asociativas comunitarias ha abierto una vía de renovación de la vida política de las democracias institucionalizadas como "representativas" y que muestran signos de fatiga, cuando no de crisis de credibilidad, suscitando redes auto-constituyentes, que acrecientan su capital social y cívico, a través del desarrollo de capacidades de acción y reflexión crítica alternativas a las políticas neoliberales y al orden estructurado en torno a la mercantilización de la vida en todas sus dimensiones, incluyendo las relacionadas con las del habitar y del alimentarse, del cuidado, de la previsión de la salud, del acceso a los bienes públicos del conocimiento y de la tecnología , del disfrute del patrimonio natural y de la biodiversidad hasta del entretenimiento y el ocio.

Sin embargo, se describe una situación de tensión entre las prácticas educativas comunitarias y los saberes que se generan y sistematizan en su desarrollo y las "teorías" educativas institucionalizadas en los programas públicos y en las instituciones académicas convencionales. Lo que ha derivado en una devaluación intencionada de los procesos educativos comunitarios por parte de estas agencias sean de origen conservadoras o neutro-tecnócratas cuestionando sus "resultados de aprendizaje" en relación con los fines de la "cohesión social", confianza pública e integración política regulada, que son los objetivos urgentes de las estrategias de estabilización y gobernabilidad que se han asignado las democracias occidentales, monitoreados activamente por las agencias de financiamiento y cooperación multilaterales.

Las tensiones epistémicas

Eusebio Nájera, educador social chileno, refiriéndose a los dilemas epistémicos y pedagógicos que enfrentan las prácticas socioeducativas de los proyectos comunitarios, protagonizados por diversos sujetos sociales y etarios y en escenarios territoriales y culturales que exigen una gran variedad de formas de actuación profesional técnico-pedagógica en su país, propone tres disputas de la educación comunitaria:

- La confrontación con la episteme, la doxa, la ideología y los mitos en los que se sustentan la producción y contenidos del saber pedagógico occidental;
- Las conflictivas relaciones con los espacios intelectuales dominantes de las ciencias de la educación y su reducción a la pedagogía escolarizada;
- El divorcio (aún) entre el campo de producción académica y las prácticas socio-educativas populares–comunitarias y su diversidad de actores sociales, temáticas, expresión étnica, ámbitos sociales y territoriales (Nájera, 2011).

El análisis de Nájera tiene el propósito de definir las condiciones epistémicas de la reflexión y la práctica de las educación de las comunidades, teniendo a la base de su estudio los proyectos de educación popular desarrollados desde los inicio del nuevo siglo, poniendo énfasis en la producción de los nuevos conocimientos acerca del "saber pedagógico" que nutren tales experiencias, testeando las posibilidades de un diálogo crítico con los saberes sistematizados en las instituciones académicas y, en particular, aquellos que reconfiguran o re-crean las tradiciones escolarizadas de la pedagogía en un sentido participativo-activo y situadas en los contextos concretos de los sujetos y sus necesidades de aprendizaje.

2.1 Las tensiones de la politización de las comunidades

Desde una mirada, tanto del contexto español como latinoamericano, Pep Aparicio, referente español de la pedagogía crítica y la educación social, sitúa las coordenadas fundantes de una educación comunitaria emergente–trascendiendo las tensiones epistémicas arriba señaladas- en clave de la construcción de una ciudadanía democrática , estableciendo el piso del diálogo epistémico (transcendiendo la tensión "popular-social-comunitaria"

/ "instituciones y conocimientos académicos") en el ámbito de las condiciones de politización de lo educativo social-comunitario, en vista de construir relaciones democráticas que permitan el despliegue de la "voz de los sujetos" , la crítica a las dinámicas segregadoras del capitalismo neoliberal y la plena participación de las comunidades para demandar sus derechos. Aparicio habla del "derecho a la construcción de lo común" y sustenta su propuesta pedagógica en una dialógica de sello freiriano (Aparicio, s/d, Aparicio, 2012).

2.2. Las tensiones pedagógicas

En el campo propiamente pedagógico, R.M. Ytarte identifica tres atributos de la educación comunitaria, en un mismo sentido del planteamiento de Aparicio, asociados al desarrollo de una ciudadanía democrática participativa:

- La construcción de experiencias de posibilidad de apropiándose de la gestión y animación ciudadana de sus espacios de vida, desarrollando dinámicas re fundadoras de la convivencia.
- La construcción de procesos identitarios que fortalezcan la capacidad de expresión crítica y autónoma en la sociedad y el pleno ejercicio de la representación en lo público.
- La construcción de procesos subjetivos y simbólicos (saberes, modos de organización social propios, reconocimiento del valor cultural de su autonomía) que posibiliten un diálogo con lo universal de la cultura, trascendiendo lo local y participando en las dinámicas constituyentes de la sociedad global (Ytarte, 2007).

2.3 Las tensiones políticas

Otra forma de explorar la educación comunitaria emergente es situarla como una pedagogía de la transformación social desde los grupos locales de base, orientada a generar aprendizajes para el cambio de la condiciones de vida, tanto en los contextos urbanos como rurales, poniendo énfasis en fortalecimiento de liderazgos ciudadanos , con especial atención a los enfoques de igualdad de género, a la generación de estrategias de resistencia a los proyectos extractivistas, que irrumpen en la vida de los pueblos indígenas y de pequeños productores campesinos que practican la agricultura familiar, a la defensa de los derechos de las "primera naciones" a conservar su identidad cultural y lingüística y desarrollar sus propios proyectos educativos, abriendo un campo nuevo como la "educación intercultural crítica sustentada en una "pedagogía de-colonial" (Walsh 2010, 2013; Peñuela, 2009; Osorio, 2016). Desde su enfoque de la "Teoría del Cambio", Iñigo Retolaza identifica como premisas de la dimensión pedagógica de esta educación comunitaria:

- El enfoque dialógico.
- El aprendizaje experiencial.
- La flexibilidad y diversidad de modalidades de trabajo educativo según los espacios en que se desarrolla su acción y los procesos personales y colectivos que viven los participantes.
- El análisis crítico de la realidad.
- El diseño y desarrollo de proyectos de acción transformadora desde las comunidades (Retolaza, 2010).

2.4 Las tensiones institucionales

Es posible identificar una versión "institucionalizada" de la anterior modalidad de la educación en cuanto se practica como una estrategia socio-educativa para enfrentar la exclusión social, a través de programas desarrollados por agencias gubernamentales reformistas y organizaciones profesionales de la sociedad civil asociadas como ejecutores a tales programas. Se sitúa en el ámbito de las políticas sociales, promoviendo el protagonismo comunitario en la generación y participación de tales políticas y su expresión programática a nivel local. Sus conceptos de referencia son la calidad de vida y el bienestar subjetivo, según el enfoque de creación de capacidades integrales para el desarrollo humano, inspirado en A. Sen, y promovido como enfoque matriz por el Programa de Naciones Unidas para el Desarrollo Humano (PNUD, s/d). Sus acciones van orientadas al empoderamiento individual y organizacional de los grupos comunitarios y a la generación de redes ciudadanas que potencien su capacidad de demandar al Estado la garantía de satisfacción de los derechos sociales. Metodológicamente se busca desarrollar competencias de diseño de proyectos a nivel local, la co-gestión de programas sociales públicos y la acción conjunta con organizaciones de la sociedad civil que realizan el seguimiento crítico de las políticas públicas, que por lo general ofrecen apoyo técnico y de capacitación. Se valora el rol profesional del "educador-a comunitario" (asimilado en algunos contextos al de "educador-a social" profesional y graduado a nivel universitario) en cuanto mediador y "animador socio-educativo" provisto de técnicas de asesoramiento educativo y de diseño y evaluación de proyectos socio-educativos de carácter local (Morata, 2014).

2.5 Una síntesis

Teniendo en cuenta estas coordenadas generales, que ilustran las tensiones y propuestas de la educación comunitaria, resulta relevante las conclusiones del estudio del educador e investigador colombiano Alfonso Torres, autor de dos investigaciones fundamentales para entender el núcleo político y pedagógico de la educación en las comunidades (Torres, 2015; Torres, 2014). Para Torres la educación comunitaria emergente se configura desde los siguientes principios de identidad:

- La educación comunitaria como interpelación y alternativa al capitalismo.
- La educación comunitaria como generadora de vínculos constituyentes y sentidos de actuación social y ciudadana común.

- La educación comunitaria como promotora de sujetos políticos que reivindican el reconocimiento de sus procesos identitarios, de recuperación de sus memorias históricas y de sus capacidades auto-constituyentes según dinámicas deliberativas.

- La educación comunitaria como una acción ciudadana cuyo horizontes es construir (otros) "mundos posibles" de justicia y nuevas formas de gestión y distribución social de los bienes naturales y culturales que son considerados por el patrimonio jurídico de la humanidad universalmente comunes amenazados por las dinámicas mercantiles neo-liberales (Torres, 2014).

El próximo paso que propongo en este artículo es presentar diversos enfoques pedagógicos que están teniendo especial influencia en la configuración pedagógica de la educación comunitaria en América Latina, desde los recientes años 2000 y, que en nuestra opinión, dan consistencia y vitalidad cultural, pedagógica, espiritual, política y metodológica a esta educación.

Enfoques pedagógicos neo-paradigmáticos redimensionan la educación comunitaria emergente: hacia una pedagogía de lo común

En 2007, Alejandro Cussiánovich, educador peruano, asesor de organizaciones de niños-as que demandan sus derechos y referente de la educación popular latinoamerica desde los años setenta , publica un ensayo que sistematiza una propuesta educativa que llama "pedagogía de la ternura". La define como una respuesta a la condición humana devaluada de los niños-as y jóvenes de los países de nuestra región y estimulada por el protagonismo de los movimientos de los niños y niñas y de las mujeres organizadas por defender sus derechos, en cuanto sujetos protagónicos del cambio educativo (Cussiánovich, 2010).

Lo notable de esta propuesta es que se plantea desde una situación de búsqueda y de reconocimiento de la incertidumbre que caracterizan los procesos de cambio social en el contexto global neoliberal, pero confiados en las herramientas, disposición y capacidad reflexiva que se despliegan en la educación popular de base comunitaria y por extensión de los movimientos sociales que generan.

Asume que sólo una visión de complejidad y de mirada ecológica permite discernir las condiciones de la exclusión social dominantes y las vías de construcción de sociedad justas. La "ternura" es la forma de convocar el desarrollo de la capacidad de acoger, reconocer, vincular y cuidar en la sociedad , llevándolos a una dimensión política, a través del protagonismo (voz, organización, incidencia, transformación) de los sujetos convocados a la experiencia de "relacionarse con otros-as desde una posición de búsquedas de sentidos comunes de vida y de aprendizaje de la "actoría social" con contenidos ecológicos, no-patriarcales, no-autoritarios.

La educación "política" de las comunidades es, entonces, basalmente una educación del vínculo radical de la acogida y de la expansión la vivencia "de lo comunitario "a nivel individual y local hacia la generación de relaciones sociales fundadas en los derechos humanos, la justicia social, la no-discriminación. [3]

Bajo marcos convergentes se ha desarrollado un enfoque pedagógico llamado "del cuidado, de la hospitalidad y de la alteridad". Escribe el filósofo colombiano Santiago Vallejo:

La pedagogía de la alteridad se convierte en un modelo que permite volver a reencantar la realidad, narrarla y experimentarla de múltiples maneras. Es una perspectiva que le

---

3. En 2013, conocimos en castellano, el libro del filósofo y teólogo brasileño Hugo Assmann, *Placer y Ternura en la Educación*, que bajo tal convocatoria desarrolla los fundamentos epistémicos y pedagógicos de "una sociedad aprendiente" desde las llamadas "ciencias de la vida" inspiradas en las contribuciones de Francisco Varela y Humberto Maturana (Assmann, 2013) y que pedagógicamente desarrollara lúcida y culturalmente situada Francisco Gutiérrez desde Costa Rica y de gran impacto en la formación de las nuevas generaciones de educadores comunitarios, investigadores socio-educativos y docentes en varios países de nuestra región (Gutiérrez, Prado, 2015).

abre las puertas a un contexto no totalitario, a una existencia constructora de sentidos y significaciones que permitan la complicidad del alumno y del maestro, y no su imposibilidad y extrañeza (Vallejo, 2014).

Y concluye el mismo Vallejo:

Para una pedagogía de la alteridad, también se hace necesario acudir a dos conceptos que son de vital importancia: la hospitalidad y la experiencia. En este sentido, la hospitalidad se constituye con el momento en el cual se realiza el instante de la acogida, cuando se reconoce al individuo como lo que es, como un ser humano que lleva intrínsecamente un deseo ferviente por aprender, y a su vez, lleva consigo una historia, una memoria que permite avivar el recuerdo, porque gracias a la memoria es que existen los demás, los que se han dejado, pero nunca los que se han olvidado, porque ellos también hacen parte de un nosotros, de la interminable construcción identitaria que se gesta día tras día, una identidad que se establece de gran modo gracias al aula de clase, en la intersubjetividad de relatos que se recrean, que se narran cuando se siente el dulce placer de la acogida (Vallejo, 2014).

Estas propuestas pedagógica de la alteridad beben en las fuentes de las teoría del cuidado elaboradas desde el campo feminista por Carol Gilligan (1993), problematizando las condiciones epistemológicas de la ética política occidental que invisibilizan-naturalizan el daño moral, la humillación, el abuso y la subordinación de los colectivos, clases, minorías relegadas al silencio y la vulneración como vía para someterlas a trabajos y roles claves para la reproducción de la sociedad, como son el trabajo doméstico y del cuidado de las mujeres o el de quienes cuidan ancianos y enfermos-as terminales; protegen a minorías religiosas y culturales de la violencia estatal, organizan a los desplazados y refugiados en "santuarios" ciudadanos, brindan hospitalidad a "los sin-casa", entre otras acciones llamadas de "altruismo radical": la actitud y disposición de sus protagonistas es la "solicitud", es decir, una sensibilidad solidaria profunda cuya matriz de sentido es acoger y "hospedar" al otro-a sin otra consideración que una inmediata política de "no humillación" (Ricard, 2016).

Leonardo Boff ha ampliado los contornos de la política del cuidado, estructurando una agenda ética global de responsabilidad ecológica y de superación sistémica de las condiciones subalternas que viven los colectivos sociales, los pueblos indígenas, las comunidades campesinas , los pobres y vulnerados urbanos y las minorías estigmatizas por sus opciones religiosas, de género o lingüísticas (Boff, 2002), relevando la necesidad de desarrollar nuevas capacidades de constitución y despliegue local y global de los movimientos sociales en tres claves:

- superación del patriarcado;
- desmontaje del poder transnacional del "capitalismo cognitivo", tecno-liberal;
- democratización de la sociedad con plena garantía de acceso y disfrute de los bienes naturales y culturales que son comunes.[4]

En el ámbito chileno, y de creciente trascendencia en América Latina , Carlos Calvo ha desarrollado sistemáticamente una agenda de investigación y vinculación con los proyectos educativos neo-paradigmáticos, tanto en la educación comunitaria como en las instituciones escolarizadas con el propósito de elaborar una teoría educativa "compleja" que devele la crisis del paradigma escolar en cuanto secuestra y controla la propensión humana al aprendizaje en vista de disciplinar y enclaustrar las relaciones sociales-educativas en el "espacio" y en el "tiempo" escolarizado de las instituciones educativas "regladas". (Calvo, 2013; Calvo 2017).

---

4. Este enfoque de "cuidado social y planetario" ha dado lugar a un desarrollo importante de redes y organizaciones de una eco-educación comunitaria y de una educación comunitaria feminista y no-sexista (Gutiérrez, Prado, 2015; Gadotti, 2002; Martínez, 2016).

Una contribución clave de la propuesta de Calvo para la agenda de investigación y sistematización de las prácticas de la educación comunitaria es su convocatoria analítica-hermenéutica a cartografiar los territorios educativos (que no son los escolarizados solamente) en su diversidad y según se manifiesten en él todas las dimensiones del desarrollo humano para suscitar "educaciones" emergentes y sinergias de aprendizaje entre el "estar-siendo-ocurriendo" de los-as aprendientes y de los-as educadores-as y la vida de sus comunidades y colectivos de pertenencia, en sintonía con una etnoeducación critica ("el caos vital del territorio" y los procesos educativos informales). Promueve la generación de procesos educativos comunitarios desde sus propios (vernáculos) núcleos éticos y culturales, sus matrices simbólicas, su memoria histórica, sus relaciones con la naturaleza , sus lenguas, sus confrontaciones, sus procesos identitarios, sus participación en movimientos sociales (Calvo, 2017; Moreno, Calvo, 2010).[5]

Es relevante señalar que estas pedagogías están configurándose como una nueva ola de la pedagogía crítica que ha sido tan decisiva en la renovación de la educación popular y de la educación de los movimientos sociales en América Latina y que se reconocen como educaciones emergentes destinadas a disputar los paradigmas fabriles de la educación dominante, desde un pensamiento y práctica pedagógica altermundistas (una "otra" educación") en sus contenidos, en sus formas, en su horizonte ético-político y en escenarios diversos y libres (abiertos) de socialización educativa y de generación y distribución social de aprendizajes y capacidades para ejercicio de una plena ciudadanía ¿Qué significa este proceso para la educación comunitaria?

------

5. Un panorama amplio y documentado de los fundamentos, proyectos, debates, controversias y modalidades pedagógicas que identificamos en este artículo como neo-paradigmáticas y que se auto-definen desde diversas metáforas (holísticas, complejas, sistémicas, caóticas, ecológicas) se encuentra en la *Revista Polis* 9, 2010, editado como un número especial dedicado al tema "Educación, Caos y Complejidad" por Carlos Calvo y Antonio Elizalde.

Educación comunitaria y las pedagogías de lo común: discusión y conclusiones

La búsqueda de la superación del "encierro", de la disciplina y del control mediático y jurídico, de la precarización material , de la exclusión tecnológica-laboral-educacional y de la negación de "derechos a la diferencia y a las expresiones vernáculas", que las condiciones estructurales de actual ciclo capitalista neoliberal , y su impacto en el mundo de la vida, de las relaciones socio-económicas y en el cuidado de los recursos y bienes naturales del planeta, ha generado un movimiento plural, global, multidimensional en sus modalidades de acción local e internacional que se ha definido como altermundista.

Se ha definido como una corriente social, cultural, política "procomún", precisamente como reacción a la pretensión dominadora del "encierro", es decir, de la tendencia a "encerramiento" (limitar) las demandas, capacidades y saberes que los colectivos y comunidades vulnerados y subordinadas a las lógicas de la disciplina y del "orden de la propiedad transnacional" que impera en una lógica de *colo-globalización* (colonización–globalización). Como sostienen Laval y Dador "común" "*ha llegado a ser el nombre de un régimen de prácticas, de luchas, de instituciones y de investigaciones que apuntan a un porvenir no-capitalista... búsquedas colectivas de formas democráticas nuevas... que supone una reciprocidad entre quienes participan en una actividad o comparten un modo de existencia...(que)... hace de la práctica de la puesta en común la condición misma de lo común, en sus dimensiones afectivas y normativas*" (Laval, Dador, 2015).

La contribución educativa de estos movimientos sociales de inicio del presente siglo a una educación "pro-común" renueva –ratifica lo que la educación popular y comunitaria y la pedagogía crítica de raigambre latinoamericana ha venido promoviendo como "teoría pedagógica": la actividad práctica de aprendizaje desde lo social-cultural-contextual y la generación de saberes compartidos para desarrollar una "vida justa y sin exclusiones" son las matrices de "otra educación", que se han tematizados recientemente como "pedagogías críticas del sur que articulan los proyectos educativos locales con estrategias de transformación institucional, curricular y pedagógica de los sistemas nacionales de educación".

Así se manifiesta en las escuelas populares autogestionadas, en los colegios públicos-comunitarios y en las universidades populares en algunos países de nuestro continente (Mejía, 2011; Torres 2016; Cabaluz, 2015; Pinto, Osorio, 2014; Fauré, 2016) y en las estrategias de educación indígena e intercultural crítica que están promoviendo el autogobierno de los procesos educativos de las comunidades en virtud de sus "atributos de diversidad" e irrumpiendo en las lógicas convencionales de la organización educacional curricular y didácticas de las políticas educativas (Walsh, 2010).

La emergencia de una educación procomún en cuanto movimiento global viene a redimensionar la educación comunitaria permitiéndonos una relectura de su tradición y la búsqueda de su propia actualidad , de su propia "modernidad".

Movimientos sociales y ciudadanos, plataformas de indignación, redes de solidaridad social animadas por organizaciones no-gubernamentales, redes de cooperación para el desarrollo local, movimientos ambientalistas, feministas, indígenas, entre otras manifestaciones, constituyen el mapa de las nuevas maneras de hacer acción educativa en contextos comunitarios. Lo comunitario se define en una proyección hacia lo público, por tanto, exige un discurso argumental para definir el sentido político de los actos de dar, dona, de reconocer, de solidarizar , de quien de participar, de resistir y de acoger en consonancia con los valores de una democracia inclusiva y participativa.[6]

La "pedagogía de lo común" se ciudadaniza (convoca a los

---

6. En su estudio sobre las pedagogías de los movimientos sociales latinoamericanos recientes Alfonso Torres desarrolla el concepto de "horizonte histórico-ético" de los procesos formativos que tienen lugar en la generación y desarrollo de tales movimientos y las metodologías de trabajo educativo que se practicas tales como el "diálogo de saberes", el "diálogo cultural", la investigación-acción participativa, la sistematización de experiencias y proyectos (Torres, 2015).

ciudadano-as a participar e incidir en la sociedad), esto implica maneras de practicar la asociatividad bajo dinámicas institucionales distintas a las tradicionales (sólo representativas , por ejemplo), fortaleciéndose las participativas y directas, que colocan el individualismo en un rango crítico, en la medida que no la participación en una comunidad no es una huida de lo público sino la demanda de un catálogo de nuevos derechos que resguarden el uso y la sustentabilidad de los bienes naturales y culturales comunes.

Es en este contexto en que surgen manifestaciones de solidaridad, de movilización ciudadana, de reciprocidad y cuidado que van estableciendo redes de actuación y un pensamiento crítico acerca de nociones como desarrollo y bienestar eco-humano (Ramis, 2017). Este fenómeno está siendo expansivo, pues desde este civismo-procomún están surgiendo iniciativas y modelos de actuación social que dinamizan y liberan la democracia de sus ataduras formales, haciéndola más directa, más participativa y confiable para la ciudadanía. Estamos ante una posibilidad de re-sustentar la democracia desde abajo, desde la acción de los individuos y sus redes de afirmación identitarias y memoriales (Zibechi, 2008).

Sin embargo, este nuevo civismo, tal como lo conocemos a través de los movimientos sociales latinoamericanos y globales (Torres, 2015), no constituye un modo de proteccionismo aislante y sólo reactivo frente al miedo y el riesgo, sino una manera de practicar reflexivamente el "dar", el "participar", "el actuar con otros-as: una manera (¿nueva?) de politizar (compartir, hacer público) las emociones, los afectos, las resistencias culturales, la demanda del reconocimiento de la diferencia, de las identidades vernáculas y de la producción de imaginarios sociales superadores del orden económico global dominante a través de comunidades de acción y de crítica que se manifiestan bajo formas orgánicas diversas, como son: las redes y los movimientos sociales, las plataformas de incidencia ciudadana, los frentes amplios ciudadanos, los movimientos indígenas, feministas y ecológicos, las coaliciones multisectoriales y los "grupos de tarea" para denunciar políticas globales de "encierro" neoliberal (Fauré, Miranda 2016; Paredes, 2013; Torres, 2015), todos escenarios de la educación comunitaria emergente.

Es evidente que esta solidaridad-reciprocidad-cuidado debemos entenderla como un "producto" cultural, una expresión de una sensibilidad moral alternativa a la dominante en de nuestro tiempo neoliberal. Las resistencias al "encierro" están generando también rechazo de preceptos morales establecidos, los sujetos de estas nuevas ciudadanías comunitarias se sienten capaces de construir sus propias éticas de lo público (Osorio, 2016). No estamos en una época vacía de alternativas morales, sino en una época donde se manifiestan colectivos que configuran éticas que procesadas por el escrutinio de la conciencia individual, antes que de cualquier autoridad o institución que en el pasado pudieron tener un rol hegemónico de orientación moral.

Bauman identifica estas comunidades que resisten a la vulneración y al encierro, víctimas de los daños colaterales de la globalización, en riesgo de ser declaradas descartables o inviables según el orden global, como comunidades plurales, abiertas, no panópticas, radicalmente posicionadas en una lucha contra la no-humillación y no-discriminación como atributo fundantes de toda estrategia de transformación social actual (Bauman, 2017).

Lo más interesante del fenómeno que estamos describiendo es que este proceso de emergencia social y que se manifiesta en las iniciativas y programas educativos que llamamos "procomún" incorpora nuevas preguntas acerca de la práctica de la de lo comunitario en un contexto crecientemente reaccionario y hostil a lo extranjero, a los-as diversos-as, a los-as inmigrantes, los-a a refugiados y desplazados que por razones políticas, climáticas, guerras civiles y religiosas o crisis alimentarias llegan a vivir en nuevos países, con crecientes dosis de xenofobia y aporofobia (Chul Han, 2017; Cortina, 2017).

Desde una perspectiva basal, estas preguntas refieren a las capacidades de capital cívico/comunicacional/conversacional e intercultural de las sociedades, a las condiciones políticas que estas tienen para adoptar acuerdos que condenen todo tipo de discriminación. Desde una perspectiva más amplio se plantea la pregunta por las posibilidades de construir sentidos comunes en la sociedad, a través de procesos constituyentes generados desde la base social, en una lógica de deliberación ciudadana expansiva y no-violenta, capaz de invertir los marcos políticos desgastado de la convencionalidad democrática representativa, como se expresó en el movimiento estudiantil en Chile en 2011 y en la movilizaciones del M15 español, en una dinámica que superación de la democracia por la vía de su propia ampliación y radicalización (Rosanvallon, 2007).

El desarrollo de ambas perspectivas tienen consecuencias relevantes: la primera pone el acento en el aprendizaje de la acogida y la participación en la diversidad, como valores reconocidos socialmente y validados por medios institucionales. La segunda, promueve el asociativismo, las redes de actuación pública y fomenta la formación ciudadana, además, pone el acento en un tipo de contrato político de alcance institucional que establece una ética civil vinculante .

De este modo, ambas direcciones eponen en evidencia los atributos y potencialidades de una nueva educación comunitaria, no sólo como una realidad sociológica, sino como el despliegue en la sociedad, educación comunitaria mediante junto a otros procesos de distribución social del poder, de un conjunto de atributos, capacidades y recursos ciudadanos, éticos, comunicacionales, de reciprocidad-cuidado, pedagógicos y organizacionales que llegan a sustentar una neo-matriz de la vida democrática fundada en el reconocimiento de la diversidad, la inclusión, la participación ciudadana y el desarrollo humano procomún.

Referencias bibliográficas

Alarcón, P. (2015). *Coexistencia y Educación*. Cuarto Propio: Santiago.

Aparicio, P. (2012). *Aprender en transformación: una extraña experiencia trenzada*, en Aparicio, M., Corella l., Aparicio, P. (Editores). *Educación Permanente, Vida Recibida y Cambio de Civilización*. Ediciones del CREC: Valencia.

Aparicio, P. (s/d). *Más allá de la Escuela: educación social y ciudadanía*.

Assmann, H. (2013). *Placer y Ternura en la Educación. Hacia una sociedad aprendiente*. Alfaomega-Narcea: México DF.

Bauman, Z. (2017). *El Arte de la Vida*. Paidós: México DF.

Boff, L. (2002). *El Cuidado Esencial*. Trotta: Madrid.

Cabaluz, F. (2015). *Entramando Pedagogías Críticas Latinoamericanas*. Quimantú–Colectivo Diatriba–Escuela Popular Comunitaria: Santiago.

Calvo, C. (2017). *Ingenuos, ignorantes, inocentes: de la educación informal a la escuela autoorganizada*. Editorial de la Universidad de La Serena: La Serena.

Calvo, C. (2013) . *Del Mapa Escolar a Territorio Educativo. Disoñando la escuela desde la escuela*. Editorial de la Universidad de La Serena: La Serena.

Carbonell, J (2015). *Pedagogías del Siglo XXI*. Octaedro: Barcelona.

Castells, M. (2012). *Redes de indignación y esperanza*. Alianza Editorial: Madrid.

Civís, M. y Riera, J. (2007). *La nueva pedagogía comunitaria. Un marco renovado para la acción socio pedagógica interprofesional*. Nau Llibres: Valencia.

Chul Han, B. (2017). *La Expulsión de lo distinto*. Herder:Barcelona.

Cortina, A. (2017). *Aporofobia, el rechazo al pobre*. Paidós: Barcelona.

Cussiánovich, A. (2010). *Aprender la Condición Humana .Ensayo sobre pedagogía de la ternura*. Instituto de Formación de Educadores de Jóvenes, Adolescentes y Niños Trabajadores de América Latina y el Caribe – IFEJANT: Lima.

Dietz, G. (2012) *Multiculturalismo, interculturalidad y diversidad en Educación* , México D.F : FCE.

Elizalde, A., Calvo, C. (editores) (2010). Número dedicado a Educación, Caos y Complejidad, *Polis* 9, 25. Recuperado en: http://journals.openedition.org/polis/58 (22-11-2017)

Fals Borda, O. (1985*). Conocimiento y Poder Popular*. Siglo XXI: México DF.

Fauré, D., Miranda, E. (editores) (2016) *4 de Agosto: Testimonios de una revuelta popular*, Santiago: Núcleo de Historia Social-Facultad de Ciencias Sociales. Universidad de Chile: Santiago.

Fauré, Daniel (2016) Las prácticas de (auto) educación popular en Chile postdictadura y la propuesta del 'Control Comunitario'. *Revista Educación de Adultos y Procesos Formativos*, 3. Recuperado en: http://www.educaciondeadultosprocesosformativos.cl/index.php/revistas/revista-n3/33-las-practicas-de-auto-educacion-popular-en-chile-post-dictadura-y-lapropuesta-del-control-comunitario (15-12-2017)

Ferrada, D., Flecha, R. (2008). El Modelo Dialógico de la Pedagogía: un aporte desde las experiencias de comunidades de aprendizaje, *Estudios Pedagógicos* XXXIV, 1 (pp. 41-61). Recuperado en: https://scielo.conicyt.cl/scielo.php?script=sci_arttext&pid=S0718-07052008000100003 (10-1-2018)

Freire, P. (1975). *Pedagogía del Oprimido*. Siglo XXI: Madrid.

Gadotti, M (2002). *Pedagogía de la Tierra*. Siglo XXI: México DF.

Gilligan, C, (1993): *In a Different Voice: Psychological Theory and Women's Development*, Cambridge: Harvard University Press

Ghiso, A. (2000). *Potenciando la diversidad: Diálogo de saberes, una práctica hermenéutica colectiva*. Recuperado en: https://www.researchgate.net/publication/270395571_Potenciando_la_diversidad_Dialogo_de_saberes_una_practica_hermeneutica_colectiva (10-11-2017)

González, P. Ramos, R. (2013). "La Otra Educación: red de escuelas libres en Chile". Tesis para optar al título profesional de Educadoras de Párvulos y Educación Básica Inicial, Facultad de Ciencias Sociales Escuela de Pregrado Licenciatura en Educación Parvularia y Básica Inicial, Universidad de Chile.

Gutiérrez, F., Prado, C. (2015). *Ecopedagogía y ciudadanía planetaria*. De La Salle Editores: México DF.

Gramsci, A. (2004). *Los Intelectuales y la Organización de la Cultura*. Nueva Visión: Buenos Aires.

Hall, B.; Colver, D.; Crowther, J. & Scandrett, E. (editores) (2012). *Learning and Education for a Better World: The Role of Social Movements*. Sense Publishers: Rotterdam.

Illich, I. (2011). *La sociedad desescolarizada*. Ediciones Godot : Buenos Aires.

Illich, I. (2016). *El Trabajo Fantasma*. Ediciones Papel Calco: Santiago.

Laval, C., Dardot, P. (2015). *Común. Ensayo sobre la revolución en el siglo XXI*. Gedisa: Barcelona.

Nájera, E. (2011). A la búsqueda del sujeto pedagógico. Encuentros entre Pedagogía Social y Educación Popular en Chile, en Recesky, M. (Compilador). *Pedagogía Social y educación popular Perspectivas y estrategias sobre la inclusión y el derecho a la educación*. UNIPE: La Plata.

Núñez, C. (1985) *Educar para Transformar, Transformar para Educar*. IMDEC: Guadalajara.

Mejía, M.R. (2011). *Educaciones y Pedagogía Críticas desde el Sur*. Ministerio de Educación: La Paz. Recuperado en: http://www.minedu.gob.bo/micrositios/biblioteca/disco-1/alternativa_especial/analisis/667.pdf (14-2-2018)

Martínez, I. (2016). "Construcción de una pedagogía feminista para una ciudadanía transformadora y contra-hegemónica". *Foro de Educación* 14, 20 (pp. 129-151).

Molina, M.J. (2008). "La nueva educación popular: trazando senderos de transformación social humanizadora (Santiago 2000-2006)". Tesis de Pregrado, Universidad de Chile. Recuperado en: http://repositorio.uchile.cl/handle/2250/109788 (16-11-2017)

Morata, T. (2014). Pedagogía Social Comunitaria: un modelo de intervención socioeducativa integral. *Educación Social,* 57 (pp. 13-32).

Moreno, A. (2016). *Educación y caos*. JUNJI: Santiago.

Moreno, A. & Calvo, C. (2010). "Etnoeducación, Educación Física y Escuela: transitando de la educación informal a la escuela autoorganizada". *Ágora* 12 (pp.131-150). Recuperado en: http://agora-revista.blogs.uva.es/files/2012/05/agora12_2b_moreno_y_calvo.pdf (12-12-2017)

Osorio, J. (2004). "Pedagogía y Ética en la Construcción de Ciudadanía: la formación en valores en la educación comunitaria". *Polis* 7. Recuperado en: http://journals.openedition.org/polis/6267 (22-11-2017)

Osorio, J. (1994). "Ciudadanía y Posibilidad de una Educación del Sentido de lo Común". *La Piragua* 7. CEAAL: Santiago.

Osorio, J. ((2003). "Profundizando el aporte de la Educación Popular y el CEAAL en América Latina y el Caribe: lectura del período 1993-1996". *La Piragua* 20. Recuperado en: http://www.gloobal.net/iepala/gloobal/fichas/ficha.php?entidad=Textos&id=8145&opcion=documento (20-2-2018)

Osorio, J. (2006). Educação Popular: a atualização do desafio de construir o bem comum na sociedade, en Pontual. P., Timothy I. (Editores). *Educação Popular na América Latina: diálogos e perspectivas.* UNESCO, CEAAL, Ministerio de Educación: Brasilia.

Osorio, J. (2015). "Memorias y desafíos de la educación popular en Chile", (pp. 35-38). *Decisio* 40. Recuperado en: http://www.crefal.edu.mx/decisio/images/pdf/decisio_40/decisio40_saber7.pdf (15.12.2017)

Osorio. J. (2016). "Ciudadanía en Movimiento: una agenda para una educación ciudadana crítica". *Revista Internacional sobre Investigación en Educación Global y para el Desarrollo* 9 (pp. 19-34). Recuperado en: http://psicologia.uv.cl/images/secciones/publicaciones/2016_osorio_ed_ciudadana.pdf (8-12-2017)

Osorio, J. (2016). "Politización de la Diversidad: la educación intercultural desde los movimientos sociales que proyectan otros modos de vivir". *Revista Internacional sobre Investigación en Educación Global y para el Desarrollo* 10 (pp. 163-172). Recuperado en: http://educacionglobalresearch.net/wp-content/uploads/EGR10-09-Osorio-Castellano.pdf (2-12-2017)

Ortiz, I. (2013). *World Protests 2006 - 2013*. Fundación F. Eber: Nueva York.

Padierna, M. (2009). "Educación y movimientos sociales". *Pampedia* 6 (pp. 13-26). Recuperado en: https://www.uv.mx/pampedia/numeros/numero-6/educacion-mov-sociales.pdf (10-1-2018)

Paredes, J.P. (2013). "Movilizarse tiene sentido: análisis cultural en el estudio de movilizaciones sociales". *Psicoperspectivas* 13, 2 (pp. 16-27). Recuperado en: http://www.scielo.cl/scielo.php?script=sci_arttext&pid=S0718-69242013000200003 (14-1-2017)

Peñuela, D. (2009). "Pedagogía Decolonial y Educación Comunitaria: una posibilidad ético-política". *Pedagogía y Saberes* 30 (pp. 39-46). Recuperado en: http://revistas.pedagogica.edu.co/index.php/PYS/article/viewFile/1340/1314 (18-1-2017)

Ricard, Matthieu (2016). *En defensa del altruismo*. Urano: Barcelona.

Pinto, R., Osorio, J. (2014). *Pedagogía Crítica paras una Educación Pública Transformadora en América Latina*. Derrama Magisterial: Lima.

Programa de Naciones Unidades para el Desarrollo (s/d). *Desa-*

rrollo de Capacidades. Texto Básico del PNUD. Recuperado de: http://www.undp.org/content/dam/undp/library/capacity-development/spanish/Capacity_Development_A_UNDP_Primer_Spanish.pdf (15-12-2017)

Ramis, Á. (2017). *Bienes Comunes y Democracia. Crítica del individualismo posesivo*. Lom Ediciones: Santiago.

Retolaza, I. (2010). *Teoría de Cambio. Un enfoque de pensamiento-acción para navegar en la complejidad*. HIVOS: Ciudad de Guatemala.

Rosanvallon, P. (2007). *La Contrademocracia. La política en la era de la desconfianza*. Manantial: Buenos Aires.

Torres, A. (2014). *El retorno a la comunidad. Problemas, debates y desafíos de vivir juntos*. Búho/CINDE: Bogotá.

Torres, A. (2015*). Educación Popular y Movimientos Sociales en América Latina*, Buenos Aires: Biblos.

Torres, A. (2016). *La Educación Popular. Trayectoria y Actualidad*. El Búho: Bogotá.

Vallejo, S. (2014). "La Pedagogía de la Alteridad: un modo de habitar y comprender la experiencia educativa del presente". *Revista Fundación Universitaria Luis Amigó* 1,2 (pp. 114-125). Recuperado en: http://www.funlam.edu.co/revistas/index.php/RFunlam/article/view/1333 (3-12-2017)

Walsh, C. (2010). Interculturalidad crítica y educación intercultural, en: Viaña, J. et al. (editores), *Construyendo Interculturalidad Crítica*, La Paz: Instituto Internacional de Convenio Andrés Bello. Recuperado en: http://aulaintercultural.org/2010/12/14/interculturalidad-critica-yeducacion-intercultural/ (2-12-2017)

Walsh, C. (2013). "Lo pedagógico y lo decolonial: Entretejiendo caminos", en: Walsh, C. (editora), *Pedagogías Decoloniales*, Tomo I, Quito: Abya-Ayala. Recuperado en: http://www.reduii.org/cii/sites/default/files/field/doc/Catherine%20Walsh%20%20Pedagog%C3%ADas%20Decoloniales.pdf (2-12-2017)

Ytarte, R.M. (2007). "Pensar la ciudad y la ciudadanía desde la pedagogía social", *Aula de Innovación Educativa* 66 (p.p. 77-79)

Zibechi, R. (2008). *Autonomías y Emancipaciones. América Latina en Movimiento*. Bajo Tierra-Sísifo Ediciones: México DF.

7

APORTES TEÓRICOS Y PEDAGÓGICOS AL LEGADO INTELECTUAL DE PAULO FREIRE[1]

ROLANDO PINTO CONTRERAS

1. A modo de una introducción temática

Acaba de ser lanzado por el PIIE y la Universidad Tecnológica Metropolitana de Chile, la edición manuscrita de la *Pedagogía del Oprimido* que estaba en manos de Jacques Chonchol. Este hecho ocurrió en Santiago, el día jueves 2 de agosto. Además del dato anecdótico de reeditar una copia de un manuscrito incompleto de la *Pedagogía del Oprimido*, cuyo mérito mayor es ser un borrador manuscrito de Freire mismo, me sirve a mí para desarrollar mi homenaje y respeto a los 50 años de historia que cumple esta obra fundamental de Paulo Freire.

Quiero escribir este texto en términos personales, ya que muestra el diálogo intelectual y fraternal que mantuve con Freire, desde que lo conocí en el año 1966, en los Cursos de preparación para los Coordinadores de los Círculos de Alfabetización de Adultos, que él hizo con estudiantes de la Federación de Estudiantes de la Universidad de Chile/FECH.

En estos cursos, se concretizaba el compromiso de los jóvenes universitarios de participar en la Campaña Nacional de Alfabetización de Adultos que impulsó la Jefatura Extraordinaria de Educación de Adultos, del Ministerio de Educación Pública, de la época.

En esa capacitación se inició nuestra adhesión entusiasta con el autor del Método Psico-social de Alfabetización que nos

---

1. Parte de este texto fue publicado en la *Revista de Ciencias Sociales KAVILAN-DO*, en Antioquia, Colombia, Vol. 9, N° 1, enero-julio de 2017, con el título "Profundización teórica pedagógica de Paulo Freire y su legado intelectual".

convocaba. Las orientaciones filosóficas y metodológicas que sustentaban ese método simplemente nos cautivaron.

Fuimos "Coordinadores de Alfabetización" en dos grupos de adultos rurales que se inscribieron para aprender a leer y escribir la lengua Castellana, los dos grupos se ubicaban en la que es hoy día la Cuarta Región de Chile, Provincia del Limarí, Departamento de Illapel. Un primer grupo eran campesinos del Valle de Salamanca (todos obreros trasplantados de la explotación del salitre) y el otro grupo eran pescadores de Los Vilos.[2]

El aprendizaje del Método Psico Social de Alfabetización[3] y sus fundamentos fue nuestro despertar Freirano.

Posteriormente, en Mayo de 1968 nos incorporamos como profesional ayudante a trabajar al Instituto de Capacitación e Investigación en Reforma Agraria/ICIRA, en el Departamento de Capacitación, donde me asignaron acompañar a Sergio Villegas,

---

2. En Enero y Febrero de 1967 nos trasladamos al Valle de Salamanca (ubicada en la Provincia del Limarí, Cuarta Región al Norte del país), donde se habían inscrito un total de 180 campesinos, subdivididos en grupos de 20 personas; a nosotros nos tocó trabajar con 1 grupo y a otros estudiantes les correspondieron otros grupos de 20 integrantes; en esos mismos meses nos trasladamos a la Caleta/ Puerto de Los Vilos, donde nos tocó trabajar con 18 pescadores no alfabetizados. Ambos grupos no dominaban la lectura y la escritura de la lengua castellana, pero tenían una larga historia de lucha obrera, los campesinos eran obreros trasplantados del quiebre de las Salitreras e instalados como trabajadores rurales en Salamanca y los pescadores de Los Vilos, también con una larga historia de lucha anti-explotación, de los intermediarios/comerciantes de los productos marítimos, que capturaban.

3. El Método de Alfabetización Psico Social que se aplicó en Chile tenía un total, aproximadamente, de 28 palabras que habían sido seleccionadas por un equipo multidisciplinario del MINEDUC/INDAP y que constituían parte del universo vocabular natural del adulto situado, además de criterios de organización sintáxica de continuidad lingüística de cada vocablo. El set de láminas para cada palabra, las más importantes, eran: lamina motivadora con el nombre de la palabra y una representación gráfica de la situación de vida que describía visualmente los diversos sentidos del vocablo; lámina de descomposición silábica y de formas de escritura de la palabra; y lámina del descubrimiento que mostraba la desarticulación de la familia silábica de cada fonema de la palabra. El set de láminas era 08 por cada palabra.

uno de los integrantes líderes del equipo de Freire en esa Institución y desde ahí, continuamos profundizando el diálogo pedagógico y teórico-crítico con Freire. Siempre en torno al tema de una Pedagogía que contribuyera a la liberación de los oprimidos.

En esas actividades docentes e investigativas con campesinos chilenos y de otros países Latinoamericanos, nació una confianza y un diálogo que duró hasta el año de su muerte y que continua hasta el día de hoy, con sus libros.

En este tiempo transcurrido, más de 50 años de vida profesional, hemos organizado/sistematizado nuestros principales aprendizajes teóricos que obtuvimos de Freire, un aprendizaje de pedagogo crítico, que lo seguimos profundizando hasta ahora, en nuestras prácticas formativas con grupos populares oprimidos. Estos aprendizajes nos marcaron en todo nuestro trabajo profesional con campesinos y organizaciones rurales no-gubernamentales; en la formación inicial y pos gradual de educadores, en varios países latinoamericanos y más actualmente, con comunidades populares diversas, principalmente con comunidades "Mapuche Lafquenche" de la Región de la Araucanía, en el sur de Chile.

En este mismo tiempo hemos ido descubriendo ciertos temas teóricos/pedagógicos que Freire insinúa en sus libros, pero que no tuvieron un tratamiento profundo de su parte y que, a mi juicio, requieren ser analizados para complementar el legado Freirano para la Pedagogía Crítica Transformativa Latinoamericana.

Algunos de estos temas los profundizamos en nuestra propia deriva formativa; otros fueron desarrollados por otros educadores populares críticos, y aquí los hemos retomado, brevemente, para este artículo.

Cada uno de estos ejes temáticos constituyen, a mi entender, la continuidad más profundizado del humanismo transformador del Freire políticamente radical, que procuró sumarse a la construcción colectiva de una Pedagogía Crítica Latinoamericana. Es por esto que para mí ellos constituyen el "mapa" de orientación de nuestra continuidad freirana, hasta el día de hoy.

Desde el punto de vista de la organización formal de este texto, hemos dividido su contenido en dos apartados principales.

En el primer apartado que le hemos dado la numeración 2, procuramos sistematizar los ejes temáticos principales desarrollados por Freire y que para nosotros constituyen los aprendizajes fundamentales de su teoría y su práctica de la Educación Liberadora en América Latina. Y un segundo apartado que hemos numerado con el Nª 3, referido a los temas pedagógicos que sugeridos por Freire los hemos desarrollado en profundidad varios educadores críticos que nos comprometimos con la persona y las obras de este gran Maestro Latinoamericano. Y como una forma de darle un cierre inconcluso a este artículo y dejarlo abierto a la reflexión y continuidad constructiva de la Pedagogía Crítica Latinoamericana, proponemos unas conclusiones personales sobre lo aquí desarrollado.

2. Los ejes temáticos que aprendimos con Freire

Desde mi primer contacto personal y textual con Freire me parecieron tremendamente iluminadores cuatro ejes conceptuales que él desarrollo desde su inicio, en su *Educación como práctica de la Libertad* y que, a mi juicio, en su larga producción teórica fue profundizando dialécticamente en la evolución de su práctica pedagógica y de nuevos escenarios de acción en los que participó.

Dentro del conjunto de obras magnificas de Freire, para los efectos de este artículo, reconozco como aportes estructurales a una configuración de un paradigma pedagógico crítico latinoamericano y que fueron enmarcando la reflexión y la práctica pedagógica crítica-transformadora de muchos educadores populares de nuestra región, las obras siguientes: *Pedagogía del Oprimido* (1970); *Fear and Daring: the daily life of the teacher* (1986), escrito conjuntamente con Ira Shor, traducido y publicado en portugués con el título *Medo e Ousadia no cotidiano do Professor,* 2011;[4] *Pedagogía de la Esperanza* (1993) y *Pedagogía de la Autonomía* (1997).

---

4. En el año 2017, Siglo XXI Ediciones lo publicó en castellano, basado en la versión portuguesa, bajo el título *Miedo y Osadía del Profesor en su práctica cotidiana.*

Miradas estas obras como una continuidad cíclica de un mismo eje temático Freirano, la "Educación como Práctica de la Libertad" pero en donde en cada uno de ellos acentúa la mirada hermenéutica crítica de la *Pedagogía del Oprimido*; se podría afirmar que en cada uno de estos libros hay un circulo concéntrico cada vez más profundo y complejo de su pensamiento filosófico educativo, configurando un conjunto de temas que son el legado teórico-práctico de Freire para la Pedagogía Crítica Latinoamericana.

Con esta perspectiva histórica, me permito sugerir los ejes temáticos siguientes:

1. En primer lugar, la **comprensión estructural de las relaciones de la opresión popular** en América Latina y El Caribe y que se profundizaba con los procesos educativos oficiales que se destinaban a estos sectores populares. Esta "educación bancaria", transformada en la única formación posible que reciben los sectores populares latinoamericanos, tiene como consecuencia psico-social y material, la instalación de la conciencia dominada, subalterna, sometida e ingenua en nuestros pueblos, que se hace cómplice del desarrollo del subdesarrollo capitalista y dependiente integral, al permanecer instalado en esa realidad cultural y política de la opresión, en nuestra región latinoamericana.

La comprensión que nos propone Freire es integral,[5] no reducida a sólo una variable del funcionamiento explotador del capitalismo, sino que se trata de entender al sujeto popular como

---

5. A diferencia de Marx y el marxismo en general, entre otras comparaciones posibles, que reduce la explotación del trabajador en su condición material de productor de bienes, privilegiando sólo la variable de las "relaciones de producción capitalista", Freire rompe con esa reducción económica y propone una comprensión estructural integral de la condición de las relaciones de dominación no sólo en el capitalismo sino que en cualquier sociedad en que tales relaciones de opresión se instalan. Al respecto recomendamos ver: F. Cabaluz (2015), *Entramando Pedagogías Críticas Latinoamericanas*, particularmente en su Capítulo IV: "Marxismo, Reproducción y Trabajo Vivo" y P. Mayo (2004), *Liberating Praxis. Paulo Freire's Legacy for Radical Education and Politics*; particularmente su Capítulo III, "Critical Literacy, Praxis and Emancipatory Politics"; ambos autores profundizan sobre la afirmación temática a la que nos referimos.

un producto histórico-social, que situacionalmente está integralmente oprimido y que tiene una "lectura fatalista, desesperanzada y desmovilizadora" de su situación de pobreza y explotación, pero que por otro lado sin su "liberación" es impensable romper y salir de esa situación estructural e integral de dominación.

Desde el inicio del trabajo de educación con adultos de Freire y de Elsa, su esposa y colega de entonces, en Pernambuco, ambos estaban convencidos que la opresión del campesino nordestino no estaba en su falta de dominio del lenguaje escrito, sino que en las relaciones de poder que le impiden pronunciar y explicitar su lectura de la realidad que los oprime, así "no hay analfabetos, hay sujetos con lecturas diversas del mundo, que dependen del nivel de conciencia de su propia historia y del conocimiento de las causas históricas de su situación de oprimido (...) En la medida que el oprimido es capaz de leer su realidad como histórico-social, él puede avanzar colectivamente a su liberación" (*Pedagogía de la Esperanza*, 1991, pág. 93).

2. Un segundo eje temático es **"el carácter político liberador del acto de educar"**, en su doble dimensión vital: desde la transformación de la conciencia (proceso de "concientización") y desde la organización del oprimido, como resistencia a la dominación; lo que lo lleva a afirmar que "la acción educativa es siempre a favor de alguien y de algo y contra alguien o algo, saber esto diferencia cualquier acto instruccional de un acto educativo políticamente humanizador" (*Pedagogía del Oprimido*, 1970, en varias páginas reitera lo mismo y *Pedagogía de la Esperanza*, 1993, dónde también en varios párrafos reitera la misma idea); esta comprensión del carácter político del acto educativo, que es lo que siempre orientó a Paulo Freire y a todos los educadores populares situados que seguimos trabajando y reflexionando con él, nos hace afirmar con él que "nadie se educa sólo, todos nos educamos entre sí, mediatizados por el mundo".

3. Un tercer eje temático es el reconocimiento desde siempre del **carácter emancipador transformativo de la relación pedagógica dialógica**: "Educar es siempre una pedagogía de la esperanza y de la autonomía de los que están en la acción forma-

tiva, ya que el educador y el educando están aprendiendo a ser actores protagónicos de la historia de su liberación" (*Pedagogía de la Autonomía*, 1997, pág. 63). Esta particularidad "transformativa y emancipadora de la pedagogía", hace de la propuesta de Freire una práctica social y educativa radical. Naturalmente esto le da una responsabilidad protagónica al educador, quien no sólo debe dominar el conocimiento de su enseñanza, sino que saberlo organizar como una propuesta contextualizada y pertinente para encantar al estudiante en su aprendizaje y transformación cognitiva.

4. Un cuarto eje temático estructural de Freire es haber entendido desde el inicio de su práctica formativa que **"la acción pedagógica es, principalmente un acto de construcción intersubjetivo del sujeto, del otro y de ambos en relación con el mundo que los intermedia"** (*Pedagogía del Oprimido*, 1970, varios párrafos). Se trata de una construcción dialógica, fundada en el amor y en la confianza irrenunciable con el otro, que en las relaciones intersubjetivas, van construyendo realidades compartidas y dispositivos para la acción emancipatoria colectiva.

Esta profunda comprensión dialéctica del proceso educativo, es lo que le permitió repetir siempre: "no copien ni repitan a Paulo Freire porque están rompiendo con su propia responsabilidad de ser intersubjetivo y me están cosificando a mí, siempre reflexionen sobre sus prácticas y dialoguen conmigo o con lo que yo escribo, que eso nos hace crecer a ambos, a ustedes y a mí".

Pero ese diálogo es esencialmente formativo donde el educador aprende al enseñar y el educando enseña al aprender, pero para que se dé tal relación hay que construir realidades en el propio ser en formación, con los demás y en el mundo concreto que los sitúa.

5. Y un quinto eje temático que destaco en el pensamiento educativo de Freire es **"la centralidad del educador crítico-progresista en toda su concreción pedagógica"** (esta es una constante en toda su obra pero donde mayormente profundiza en la función decisiva que tiene el profesor progresista es en *Pedagogía del Oprimido*, 1970; *Medo e Ousadia o cotidiano do Professor*, 1986 y 2011; *Pedagogía de la Esperanza*, 1993; y *Pedagogía*

de la Autonomía, 1998). En todos estos textos hay funciones y características que debe desarrollar este profesor: debe dominar el proceso de enseñar y producir conocimientos disciplinarios, contextualizados históricamente; debe organizar los contenidos de sus procesos de enseñanza de tal manera de satisfacer la "curiosidad común" de sus eventuales educando, para transformarla en "curiosidad epistemológica"; asumir con respeto el dialogo formativo, de tal manera de lograr aprendizajes significativos y autonomía formativa en sus educandos; en fin, comprometerse ética y políticamente con la liberación del oprimido, en cualquier situación que instale relaciones de dominación, explotación, discriminación o exclusión humana.

Así, el "profesor progresista" de Freire es el protagonista principal de toda su pedagogía crítica y liberadora.

Cada uno de estos ejes temáticos constituyen, a mi entender, la profundidad humanista y fenomenológica de Freire para el desarrollo de la Pedagogía Crítica Latinoamericana. Es por esto que para mí ellos constituyen el "mapa" de orientación de nuestra continuidad freirana, hasta el día de hoy.

3. Algunas profundizaciones temáticas delineadas por Freire

Desde nuestra perspectiva crítica transformadora del estudio de la obra y la práctica de Paulo Freire, vemos algunas de las emergencias temáticas que enriquecen, a nuestro entender, el patrimonio teórico-práctico de la Pedagogía Crítica Latinoamericana y que van dando una perspectiva de potenciación al pensamiento freirano, a su vigencia y su continuidad histórica. Estos temas, entre otros de naturaleza más filosófica, que no tratamos en este artículo, son: la visión epistemológica del ciclo de conocimiento pedagógico en el proceso formativo; el tema del Curriculum y su relación con la didáctica; la teoría del aprendizaje crítico transformador y emancipador de los sujetos en formación; y la evaluación crítica de los aprendizajes que logran los sujetos en formación.

Metodológicamente cada uno de estos temas los situamos primero en la textualidad desarrollada por Freire, destacando en cada caso el aspecto conceptual orientador de él; después hacemos una breve síntesis de preguntas que, a nuestro entender, no fueron profundizadas por Freire en sus libros y, finalmente, desarrollamos los aportes de profundización/precisión teórica que han realizado algunos educadores críticos post-Freire o paralelamente con Freire a ese tema en estudio.

3.1 El primer tema: comprensión/profundización epistemológica y pedagógica del "ciclo de conocimiento en el proceso educativo"

3.1.1 La textualidad de Freire

La primera obra de Freire en que se plantea esta cuestión epistemológica del acto educativo es en el libro *Medo e Ousadia no cotidiano do Professor* (1986), traducido del Inglés con ese título, en 2011, en Sao Paulo. En este libro aparece mencionado y ejemplificado el tema epistemológico de la educación, producto de un diálogo que él desarrollo con Ari Shor, lingüista norteamericano, entre los años 1984-1986 en pasantías cortas que realizó Freire en varias Universidades de USA y Canadá. En este texto Freire se refiere en dos párrafos a este ciclo. El primero es cuando Ira Shor pregunta sobre la motivación del estudiante hacia un conocimiento nuevo y complejo, para aprenderlo y significarlo; la respuesta textual de Freire es: "Estamos hablando de un tema epistemológico muy serio. Si observamos el ciclo de conocimiento, podemos percibir dos momentos, y no más de dos, que se relacionan dialécticamente. El primer momento es el de la **transferencia/enseñanza del conocimiento histórico social oficial** y el otro momento es aquel de la **producción del conocimiento nuevo** que es conocido y percibido por el educando como significativo. (….)" (pp. 22 y 23); y luego Freire se extiende en las condiciones en que el proceso formativo desarrolla ambos momentos (no son dicotomizables entre sí y el segundo momento no es sólo "reproducir lo necesario, sino que producir conocimientos nuevos que sean comprensivos y aplicables, en la práctica personal y social del educando"). Pero aquí no hay más profundización de lo que implica cada momento y quiénes y cómo, los responsables de realizarlos, se articulan didácticamente. Es decir, la cuestión epistemológica Freire la reduce a una distinción metodológica del proceso de enseñar.

El segundo párrafo se inicia con la solicitud de Ira Shor de que Freire profundice sobre "el rigor creativo de la educación dialógica" y Paulo responde lo siguiente: "Una experiencia dialógica que no se basa en la seriedad y en la competencia de ser riguroso en el manejo del conocimiento es mucho peor que una educación bancaria donde el profesor simplemente transfiere conocimientos" (pp. 135-138); aquí Freire distingue entre "calidad científica del conocimiento" y "su manejo pedagógico por el profesor", como dos condiciones gnoseológicas del ciclo de conocimiento formativo, pero tampoco profundiza en esa distinción y más bien se queda en lo pedagógico de tratar seriamente y con rigor el conocimiento enseñable, no hacerlo es ser irresponsable.

En *Pedagogía de la Esperanza* retoma este tema gnoseológico y la visión epistemológica del mismo. Ver, por ejemplo, págs. 77 y 78; págs. 80, 106 y 184. En todos estos párrafos reitera la constitución de este Ciclo del Conocimiento en sólo dos momentos: el de enseñar lo establecido y el de construir conocimientos nuevos, bajo la orientación pedagógica del educador progresista.

3.1.2 Preguntas que continúan en la reflexión pedagógica crítica

Del tratamiento general de Freire a un tema que él clasifica como "Epistemológico", hay varios problemas teóricos-gnoseológicos que quedan dando vuelta, entre otros: ¿el educando es pasivo en lo que se le enseña y en lo que construye? ¿Éste tiene o no conocimientos previos sobre cualquier contenido que se le procura enseñar y deben ser o no rescatados, en el ciclo formativo? ¿Los saberes que se enseñan y que tienen un carácter disciplinario, deben o no ser problematizados por los sujetos en formación? ¿Sobre qué realidad gnoseológica y vital se construyen los conocimientos nuevos? ¿Cuál es el propósito epistemológico y vital de los conocimientos nuevos para los sujetos en formación?, etc.

3.1.3 Las distinciones de continuidad Freirana

Los continuadores de Freire que nos hacemos cargo de estas preguntas (por ejemplo, Marco Raúl Mejía; Donatila Ferrada y yo mismo) que hablamos de la necesidad gnoseológica del conocimiento donde distinguimos los momentos que implica la reproducción/producción del conocimiento en la acción formativa crítica transformativa, distinguimos, al menos, cuatro momentos diferentes pero vinculados en la acción formativa:

- el momento de la investigación de la realidad del objeto del conocimiento (dónde los saberes previos del educando constituyen un punto de partida) y que va a permitir formular preguntas o hipótesis de trabajo en los educandos;
- el momento de la búsqueda de sentidos o respuestas que a esos problemas o hipótesis dan los contenidos eruditos y oficiales, organizados en Planes y Programas de Estudios Disciplinarios, aquí se trata de develar interpretativamente, según el rescate de la vida comunitaria del educando, el significado vivencial de esos contenidos enseñados;
- el momento de búsqueda y profundización del conocimiento necesario y nuevo que requiere el proceso formativo del educando y que van a ser producidos como respuestas a sus preguntas e hipótesis iniciales; y
- el momento de la aplicación de ese conocimiento nuevo en la realidad de los sujetos en formación y que, en cuanto tales, van transformando su propio horizonte cognitivo, su autonomía de aprendizaje y el mejoramiento de su vida de oprimido en la que están inmersos, primero como niños/as y luego como actores familiares y comunitarios.

Paralelamente a este proceso gnoseológico de la formación, visualizamos el proceso pedagógico de la formación donde también distinguimos más de dos momentos: el de recoger y problematizar los saberes previos del educando; el de formular preguntas de búsqueda de conocimientos nuevos y necesarios para el educando; el de revisar críticamente los conocimientos propuestos en el Currículo de cada ámbito disciplinario en que se organiza el saber fragmentado del conocimiento; el buscar cognitiva y afectivamente nuevas significaciones de realidad; el construir los nuevos conocimientos necesarios para el desarrollo integral del educando y para ir transformando su conciencia crítica de esas realidades opresoras en que vive.

El conjunto de estos momentos diferenciados en la acción formativa, re-significan actualizadamente la teoría pedagógica crítica latinoamericana.

Es decir, sin negar los momentos propuestos por Freire, complementamos, profundizamos y ampliamos conceptualmente su análisis epistemológico del Ciclo de conocimiento educativo crítico.

3.2 El segundo tema, íntimamente vinculado al tema epistemológico anterior, es el "Currículo y su implicancias didácticas"

Este ámbito es un saber pedagógico identitario del ser educador, por lo tanto necesario que él lo conozca y lo maneje con propiedad profesiona, pues es el quien le da el sentido organizacional a su acción formativa crítica/transformativa. También en este tema Freire solo esboza, interroga problematizadoramente y señala orientaciones generales sobre lo que debe ser el currículo y cómo el educador progresista debe utilizarlo a nivel del aula, pero no encontramos en ninguna de su obras un tratamiento teórico en profundidad.

3.2.1 La propuesta/orientación textual de Paulo Freire

Con respecto al Currículo y la Didáctica, en toda su obra Freire insiste que es responsabilidad del educador, quién sabe enseñar y organizar la intervención formativa, el que debe decidir sobre el programa curricular (o Programa de Aula, como él lo llama), siempre como una guía o un mapa de ruta del saber enseñar. Y este "saber enseñar" en sus libros *Medo e Ousadia no cotidiano do profesor* y en *Pedagogía de la Esperanza*, particularmente, él hace referencias al término "currículo" que lo entiende como el "programa de estudios que debe ser enseñado".

En la *Pedagogía de la Esperanza*, Freire avanza a una comprensión indagativa del Currículo: en las páginas 129 y 130, él hace un largo desglose de preguntas que deben ser definidas por el educador y las preguntas reconocen "componentes pedagógicos" del currículo: propósitos de la enseñanza y el aprendizaje; tipo de contenidos que intervienen el proceso formativo (sentidos políticos y epistemológicos de los contenidos; contenidos previos del educando y contenidos situados y nuevos) y estrategias metodológicas para una buena enseñanza. Lo curioso es que al final de la pág. 130, él dice explícitamente: "el educador progresista que lea y estudie estas preguntas, sabrá encontrar las respuestas organizativas que orientarán su currículo".

Podríamos decir entonces que en Freire el currículo está fuertemente ligado al saber enseñar y en ese sentido, currículo se aproxima a una visión crítica del saber enseñar, que implica saber contextualizar, historificar, ejemplificar con situaciones reales, reflexión docente junto a sus eventuales educandos; etc.

En *Pedagogía de la Autonomía* insiste en que el currículo es una función organizativa del educador, es su responsabilidad, de tal manera de respetar los saberes de los educandos y generar condiciones para la creación de conocimientos nuevos.

3.2.2 Las insuficiencias conceptuales de Freire sobre el Curriculum

Es lógico que un educador popular como Freire, profundamente ocupado con la necesidad filosófica y pedagógica de enmarcar/situar el quehacer liberador de los grupos oprimidos, no tuviera ni el tiempo ni la preocupación de la "precisión teórica del Currículo Crítico". De esta realidad, las preguntas que aquí formulamos nos surgen justamente de la reflexión sobre el tema epistemológico y pedagógico del Curriculum como saber pedagógico específico. Las preguntas que aquí destacamos surgen de la visión sistémica del curriculum en la Pedagogía Crítica. ¿Qué es el Curriculum como saber pedagógico crítico? ¿Cómo se desarrolla y organiza el Curriculum en la pedagogía crítica? ¿Cuáles son los criterios de validación política y epistemológica del Curriculum crítico? ¿Dónde se sitúa el espacio curricular crítico? ¿Cuál es la función curricular del educador crítico?; en fin ¿cómo se relacionan en la acción didáctica el Curriculum con el ciclo del conocimiento crítico?

3.2.3 Los aportes de profundización curricular de los educadores post-Freire

El tema del Currículo, lo asumen más directamente Rolando Pinto y Donatila Ferrada; ambos profundizan en la comprensión y la organización de un "Currículo crítico transformador" (Pinto) o un "Currículo Crítico Comunicativo" (Ferrada). Ambos planteamientos coinciden en cuatro dimensiones freiranas no explícitas, pero que se derivan de su planteamiento educativo general, instalado con la *Pedagogía del Oprimido*, la *Pedagogía de la Esperanza* y la *Pedagogía de la Autonomía*. Estas dimensiones son:

- El currículo es una construcción socio-cultural, epistemológica y ética-política a la vez. Se trata, entonces, de una construcción que la hacen los sujetos implicados directamente en la formación: educandos, educadores, contextos comunitarios y territoriales específicos, dándole un valor normativo relativo a los Planes y Programas Sistémicos Oficiales. Pero la construcción o elaboración del currículo es una complementariedad de fuentes del conocimiento, pero dónde lo central son los saberes instalados en la sociedad y los saberes y prácticas emergentes provenientes de los sujetos en formación; que las deben asumir los docentes, educandos y comunidades que contextualizan el entorno de la formación.

- El diseño, el desarrollo y la implementación del currículo en el aula son momentos de un mismo proceso formativo que sólo pueden hacerlo los sujetos que están en la formación concreta y no aquellos "especialistas técnicos en currículo" que no están en la acción de formar o desarrollar a otros. Son entonces educadores situados y educandos en situación de formación y sus respectivas familias, los que diseñan y desarrollan democráticamente el currículo necesario para una educación crítica transformadora (Pinto), crítica comunicativa (Ferrada) o crítica emergente (varios educadores populares latinoamericanos).

- Existen criterios y dimensiones pedagógicas para la construcción curricular que van organizando pedagógicamente el "ciclo del conocimiento crítico-transformador o crítico comunicativo". Estos criterios, entre muchos otros aspectos técnicos, tienen que ver con la articulación de la continuidad, complejidad y utilidad social del conocimiento que se descubre o se produce en la relación pedagógica de la formación, de tal manera de mantener siempre el interés, motivación y compromiso de los educandos con su desarrollo crítico gnoseológico y con una visión política factible de humanización/liberación de cualquier forma de opresión.

3.3 El tercer tema es la "teoría crítica del Aprendizaje" en Freire y en post-Freire

Se trata de un tema relevante en la Pedagogía Crítica que permite fundar la "autonomía cognoscitiva y transformadora del educando". Indudablemente Freire tiene un aporte filosófico y político fundamental, que proponen dimensiones que caracterizan el aprendizaje del educando, entre otros aspectos derivamos desde las lecturas de sus obras las siguientes: capacidad de tener curiosidad sobre el sentido útil y vital del aprendizaje; capacidad para discernir críticamente en su dimensión ética y cognoscitiva sobre el conocimiento enseñado; construir la curiosidad científica/crítica que le permite explicar argumentativamente sobre las diversas opciones del saber; lograr placer epistemológico, estético y afectivo con lo aprendido; desarrollar el gusto por continuar aprendiendo; asumir la construcción de su aprendizaje autónomo; etc. Pero estas orientaciones, ni individual ni en su conjunto, constituyen una concepciòn sobre lo que debe ser el aprendizaje autónomo del educando.

3.3.1 La textualidad teórica y pedagógica de Freire.

No hay un tratamiento o una preocupación gnoseológica ni pedagógica fundamental que permita profundizar en particular la visión del sujeto que aprende, sino que más bien su planteamiento reiterativo es la responsabilidad del profesor de "saber enseñar para generar autonomía en el aprendizaje" y remarcar sobre las consecuencias o manifestaciones del "aprendizaje logrado por el educando". Siempre la referencia al aprendizaje está condicionada a la acción de "saber enseñar", por tanto podríamos derivar que en la propuesta de Freire el aprendizaje significativo es la reacción afectiva, ética, estética y epistemológica del educando, ante una enseñanza significativa. Entre las acciones pedagógicas que estimulan el aprendizaje que orienta al educando para su aprendizaje significativo, están: investigar su realidad, problematizar los saberes transferibles y generar condiciones de autonomía formativa en el educando, pero en ninguna parte él señala cuál es la "responsabilidad" y el "compromiso protagónico" del educando para construir ese proceso de "aprendizaje significativo para desarrollar su autonomía gnoseológica".

3.3.2 Y... ¿cuál sería el aporte de los educadores populares post-Freire?

Tengo la impresión que tampoco hay mucho desarrollo teórico-práctico de este tema en la literatura postfreirana, ni mucha investigación acción que la sustente.

Lo más próximo que conocemos a una teoría del aprendizaje crítico es lo que ha estado produciendo el Educador español Ramón Flecha, con sus Comunidades de Aprendizaje de Personas Adultas en Barcelona y, en el caso de América Latina, lo que significa un aporte operacional del término "Comunidad de Aprendizaje", que lo ha realizado PROCASUR en el medio rural campesino latinoamericano y en el ámbito urbano, las comunidades escolares que se han generado en torno a la enseñanza compartida en el Proyecto "Enlazando Mundos", en la Octava Región de Chile.

Se trata en ambos casos de experiencias en desarrollo que tienen un referente común: generar lazos de colaboración formativa entre pares, pero en ambos casos el diseño metodológico del aprendizaje es realizado y coordinado por el educador en particular. Ambas experiencias se siguen sustentando en el "contenido socializado", pero todavía no hay teoría desarrollada o sistematizada, desde los educandos.

En términos teóricos de entender el aprendizaje como un proceso interactivo entre el conocimiento instalado y el conocimiento socialmente construible, reconocemos también los aportes que en la formación de profesores ha realizado en Chile el profesor Carlos Calvo y en la Universidad Nacional de Antioquía (Colombia) en los Semilleros de Investigación/acción con jóvenes y adultos de ese país.

Sin embargo, a pesar de estas importantes contribuciones teóricas, todavía falta un sustento sistematizado de una "Teoría del Aprendizaje Crítico Liberador y Transformador", podríamos señalar que para avanzar en esta construcción teórica habría que investigar con los actores de ellas, los conceptos claves que constituyen su aprendizaje comunitario.

Nosotros hemos avanzado algunas ideas, pero referidas a la Educación entre Adultos; algunas de estas ideas son:

• El aprendizaje es una responsabilidad personal del educando pero se construye socialmente, interactivamente entre educador/educando y educando/educador adultos;
• La construcción social supone una organización inter-

subjetiva de compartir conocimientos y desarrollar reflexiones atingentes a las prácticas de los actores en formación;

• Tanto el adulto educando como el adulto educador son sujetos epistémicos sociales que sobre cualquier ámbito de la acción y del pensar comunitario, local, regional y/o nacional, tienen conocimientos previos, la cuestión es saber reflexionarlos críticamente para descubrir las insuficiencias informativas que tales saberes tienen;

• El conocimiento necesario para actuar en la liberación y transformación de las situaciones de opresión, hay que construirlos colectivamente, investigando sobre la realidad histórica y situacional de la opresión y organizándose para superarlas también colectivamente; en fin,

• El aprendizaje entre adultos no es solo cognitivo, sino también construcciones de valores, de afectos de solidaridad y compromiso con el otro; es una manera de vivir colectivamente en armonía y equilibrio con la naturaleza y el desarrollo cultural integral; pero también es un aprendizaje interactivo de formas de acción transformativa de los sujetos en formación y de las realidades que los contienen o los territorializan.

Naturalmente estas ideas no son suficientes para fundar una "Teoría del Aprendizaje Freirano" pero pueden ser una agenda de temas que hay que investigar y producir conceptualmente. Esta es una tarea pendiente con Freire y a ella, entre muchas otras, deberíamos ocuparnos los auténticos seguidores/emuladores de él.

3.4 Sobre la Evaluación de los aprendizajes

3.4.1 Los aportes de Freire

En relación a la "evaluación", Freire la concibe y la propone como acción que distingue la función del educando en la formación, el aprendizaje. Esta distinción de la responsabilidad del educando en la formación, orienta a su vez la concepción y los mecanismos de evaluación de los aprendizajes. Por tanto, la evaluación debe ser siempre para beneficio del desarrollo formativo del educando, nunca como un ejercicio arbitrario del poder de un docente autoritario. Un vez establecida esta dimensión protagónica del educando en la evaluación, Freire no desarrolla mayormente una comprensión crítica de la evaluación, pero si avanza en la significación del aprendizaje en los educandos y así en casi todas sus obras, particularmente en las cuatro que hemos estudiado con mayor detenimiento y profundidad, reitera unas características del aprendizaje logrado, como el objeto de la evaluación. El "aprendizaje logrado" tiene que ver con la comprensión, la criticidad, la aplicación y la convivencia social de liberación y autonomía del educando. De estas dimensiones deberían derivarse estrategias y mecanismos de evaluación centradas en el educando, pero alertando a no caer en desviaciones bancarias: la evaluación no debe ser ni arbitraria, ni estandarizada, debe procurar siempre la afirmación y el entusiasmo formativo del educando.

Es decir, la **"evaluación de aprendizaje"** es una acción central en Freire y que está fuertemente presente en todas sus obras, particularmente en aquellas que estructura con mayor profundidad su teoría educativa crítica transformadora, la evaluación es siempre la continuidad del aprendizaje que elabora el educando, por tanto su operación debe servir para mantener la curiosidad epistemológica de éstos para desarrollar conocimientos críticos de los saberes instalados por la enseñanza. Sin embargo no hay un tratamiento pedagógico de este saber necesario para un aprendizaje crítico-transformador.

3.4.2 Los aportes de la educadores populares antes, durante y post-Freire

Aquí hay aportes significativos que han desarrollado varios educadores freiranos latinoamericanos y que complementan la visión pedagógica general de Freire. Entre muchos que son destacables, me remito a ciertas contribuciones conceptuales/metodológicas que han realizado Marco Raúl Mejía,[6] en lo que él denomina una

---

6. Ver particularmente: Mejía, M.R. (1995). Educación y Escuela en el fin de

evaluación **"comprensiva crítica del aprendizaje"**. Él señala que esta evaluación es un proceso que acompaña a todos el proceso formativo del educando y del educador en situación de aprendizaje y recomienda como estrategias y técnicas evaluativas la **autoevaluación** que se mueve entre el registro del progreso cognitivo que va reconociendo el educando y el educador con su formación dialógica; la **co-evaluación entre pares** y con el educador, como rescate y sistematización de aportes que realiza cada sujeto en formación en el proceso de aprendizaje personal y social, de tal manera que los otros identifique la particularidad de ese aporte cognitivo, afectivo o de acción práctica. También este autor se extiende en visualizar los diversos factores internos y externos a la situación de aprendizaje que hay que considerar para evaluar los logros efectivos de la formación y al respecto recomienda no hacer evaluaciones inmediatas al proceso de enseñanza, sino que generar instrumentos de registro de avances que va obteniendo el educando en su formación, entre otros instrumentos él sugiere: los cuadernos de campo y los portafolios de aprendizaje; ambos deben ser llenados por los propios educandos.

Hay también otros pedagogos críticos[7] que prefieren hablar de "procesos de sistematización de experiencias de aprendizaje", más que de "evaluación" y señalan varias estrategias y mecanismos para estos procesos de sistematización de aprendizajes.

En fin, el tema de la evaluación de logros de aprendizajes en experiencias de "educación crítica liberadora y transformado-

---

siglo. CINEP, Bogotá (Colombia) y también Mejía, M.R. y Awad, M.I. (2004). *Educación Popular Hoy. En tiempo de globalización.* Ediciones Aurora, Bogotá (Colombia).

7. Ver, entre muchos nombres, al Educador argentino-colombiano Alfredo Manuel Ghiso ("Experiencias comprensivas de evaluación"); también a Oscar Jara y el equipo de CEAAL, en Costa Rica (Sistematización de Experiencias de vinculación Universidad y Organizaciones Populares); Salomón Magendzo y su equipo de Educación Comunitaria en Chile (Sistematización de experiencias de aprendizajes comunitarios); Educadores de PROCASUR, varios países latinoamericanos: "Territorios de Aprendizaje" y "Comunidades de Aprendizaje entre pares campesinos", etc.

ra" está bastante desarrollado en América Latina y en este sentido, sin duda que son un aporte teórico y metodológico para el desarrollo de la "Pedagogía Crítica" post-freirana.

Sin duda que hay otros temas sugeridos por Freire que son profundizados por otros filósofos o teóricos socio-educativos latinoamericanos, entre otros: el tema de la "ética de la liberación y sus implicancias políticas y educativas críticas"; o el tema más pedagógico de las "didácticas críticas"; etc., pero los cuatro temas que hemos desarrollado en este apartado nos parecen centrales para configurar una Pedagogía Crítica Transformativa para la Educación Pública Latinoamericana.

4. Una conclusión inconclusa...

Podríamos haber terminado este artículo con el último punto aparte del apartado anterior, pero nos quedan dando vueltas en nuestra cabeza dos situaciones vividas con Paulo Freire y que dan otra mirada a esto de los 50 años de existencia de la *Pedagogía del Oprimido*.

La primera situación es la conversación con María Edy Ferreira y Jacques Chonchol, el día 22 de Noviembre de 1979, en que realicé la defensa pública de mi tesis de Doctorado, en Lovaina, KUL, Bélgica. Estos amigos asistieron a ese evento y luego se quedaron en la celebración que hicieron la numerosa colonia de chilenos y latinoamericanos, exiliados en ese país europeo.

En el curso de esta celebración me contaron estos amigos que tenían en sus manos una copia del original manuscrito de la *Pedagogía del Oprimido*, que se las había regalado el propio Freire y, de manera coloquial, me contaron que además de sentirse guardianes fraternales de esa confianza de su autor, no tenían claro que hacer con esa copia. Mi consejo fue: se trata de una obra que está superada por su propia primera edición y por todas las demás que hasta ese año tenía la *Pedagogía del Oprimido* y la enorme cantidad de traducciones que se habían derivado de su edición original. Lo aconsejable, para mí, era "guárdenla y cuando exista un Museo Paulo Freire, dónenla para que perdure en el tiempo".

En varias oportunidades que tuvimos en Chile de conversar sobre nuestras respectivas derivas profesionales y personales, nunca más volvimos a tocar el tema de ese ejemplar manuscrito. Hasta el día 07 de Noviembre de 2016 y que, en el Foro sobre la presencia de Freire en Chile, en que participábamos Jacques y yo, éste contó que mantenía en su poder ese manuscrito y que no sabía mucho que hacer con él.

En esa oportunidad el PIIE recogió el desafío de acoger dicho documento histórico, como parte del patrimonio cultural de este educador brasilero, en el Instituto Chileno de Paulo Freire. Hasta ahí me parecía un epílogo formidable para una historia afectiva y fraternal de la familia Chonchol/Ferreira hacia su amigo Paulo Freire.

Pero al PIIE se le ocurrió publicar este ejemplar incompleto de la *Pedagogía del Oprimido* y no logro entender el propósito y la trascendencia de dicha decisión. El ejemplar publicado no tiene, por ejemplo, el formidable Prólogo que elaboró el filósofo Ernaní María Fiori para la primera edición de ésta obra, publicada en Uruguay, en la Editora Tierra Nueva, en el año 1970 y que sitúa en el contexto latinoamericano específico en que esta obra adquiere su sentido trascendental. En la actualidad, hay más de 60 ediciones de esta obra de Freire, la mitad en español y las demás en portugués (14 ediciones) y otras 16 en inglés, francés, alemán, italiano, ruso, etc. En esa realidad globalizada de una obra tan importante escrita por Paulo Freire: ¿Cuál es el sentido político y académico de esta publicación de un manuscrito incompleto de la *Pedagogía del Oprimido*?

La segunda situación se dio en relación al otorgamiento del Doctorado Honoris Causa de Paulo Freire por la Katholieke Universiteit te Leuven, en el año 1976. Cuando el Profesor Ceryl de Keisser y yo iniciamos la gestión de dicho otorgamiento, la primera reacción de Freire fue rechazar dicho otorgamiento y comedidamente él argumentaba en torno a su humildad como educador popular latinoamericano, frente a la magnificencia mundial e histórica de la Universidad Católica de Lovaina, creada por Erasmo de Rotterdam, en el siglo XV.

Viajé hasta Ginebra, donde vivía Paulo Freire y su familia, fui directamente a hablar con él al Departamento de Educación, del Consejo Mundial de Iglesias, dónde trabajaba y contra-argumenté política y teóricamente sobre el sentido que tenía para los millones de latinoamericanos populares que él aceptara dicha distinción de la KUL, precisamente por la histórica magnificencia de esa Universidad Europea. Reafirmé mis argumentos señalándole el orgullo y la esperanza política que sentirían los campesinos nordestinos del Brasil y los miles de campesinos y educadores populares de América Latina, con el otorgamiento de dicha distinción honorífica.

Salí de esa larguísima reunión con una nueva carta de Paulo aceptando y agradeciendo dicho otorgamiento de la KUL.

Esta anécdota, tan diferente en su sentido político y educacional, me sirve para cerrar este artículo.

El tremendo ejemplo de humanismo que tiene la persona y la obra de Paulo Freire. Su humildad al regalarle su manuscrito de la *Pedagogía del Oprimido* a la familia Chonchol/Ferreira, como una muestra de cariño y su vacilación al aceptar el Doctorado Honoris Causa de la Universidad Católica de Lovaina, muestran al Freire constructor de mundos amorosos y esperanzadores.

Tal vez este sea el mayor legado que nos dejó para seguir siendo cada vez mejores personas.

Bibliografía

Cabaluz D., F. (2015). *Entramando Pedagogías Críticas Latinoamericanas*. Editorial Quimantú: Santiago.

Calvo, C. (2013). *Del Mapa Escolar a Territorio Educativo. Diseñando la escuela desde la escuela*. Editorial de la Universidad de La Serena: La Serena.

Freire, P. (1969). *La Educación como práctica de la libertad*. Tierra Nueva: Montevideo.

Freire, P. (1970). *Pedagogía del Oprimido*. Tierra Nueva: Montevideo.

Freire, P. (1990). *La naturaleza política de la educación*. Cultura, Poder y Liberación. Paidós: Barcelona. (La primera edición en inglés fue en el año 1985).

Freire, P. (1993). *Pedagogía de la Esperanza. Un reencuentro con la Pedagogía del Oprimido*. Siglo XXI Editores: México.

Freire, P. (1997). *Pedagogía de la Autonomía*. Siglo XXI Editores: México.

Freire, P. y Shor, I. (2011). *Medo e Ousadia no cotidiano do Professor*. Editora Paz e Terra, São Paulo (Brasil). Publicado originalmente en inglés en el año 1986.

Ferrada, D. (2001). *Curriculum Crítico Comunicativo*. El Roure Editorial S.A., Colección Apertura: Barcelona.

Ferrada, D. (2015). *Transformar la Formación. Las voces del profesorado*. Ril Editores: Santiago.

Grollios, G. (2015). *Paulo Freire and the Curriculum*. Boston Library: Boston.

Habermas, J. (1988). *Teoría de la Acción Comunicativa*. Tomos I y II. 2ª Edición. Taurus Humanidades: Madrid).

Habermas, J. (1999). *Facticidad y Validez*. Editorial Trotta: Madrid.

Mejía, M.R. (1995). *Educación y Escuela en el fin de siglo*. CINEP: Bogotá.

Mejía, M.R. y Awad, M.I. (2004). *Educación Popular Hoy. En tiempo de globalización*. Ediciones Aurora: Bogotá.

Pinto Contreras, R. (1994). *Extensionista Rural como educador*. Cuadernos PIIE: Santiago.

Pinto Contreras, R. (2008). *El Currículo Crítico. Una pedagogía transformativa para la educación latinoamericana*. Ediciones Universidad Católica: Colección "Libros de Apoyo Docente", Santiago.

Pinto Contreras, R. (2012). *Un camino que encuentra su rumbo. Innovaciones pedagógicas y Curriculares en la Educación Latinoamericana*. Editora Académica Iberoamericana: Madrid.

Pinto Contreras, R. (2012). Principios Filosóficos y Epistemológicos del Ser Docente. CECC/SICA Ediciones, Volumen 60, *Colección Pedagógica Formación Inicial de Docentes Centroamericanos de Educación Primaria o Básica*. San José, (Costa Rica).

Pinto Contreras, R. (2014). *Pedagogía Crítica para una Educación Pública y Transformadora en América Latina*. Con la colaboración de Jorge Osorio Vargas, Editorial DERRAMA/Magisterial: Lima.

Pinto Contreras, R. (2018). *Educación entre Adultos. El Adulto situado como protagonista de su formación*. Editorial Universidad de Playa Ancha: Valparaíso.

8

SOY PROYECTO[1]

PAULO FREIRE

Amigos y amigas de Chile y el mundo, en estos días de noviembre se cumplen 27 años desde que llegué a Chile. Tuve la primera experiencia de exilio en Bolivia, en La Paz, donde además sufrí las consecuencias de la altura. Debo decirles que no me gustaría repetir ninguna de aquellas vivencias.

Transcurridos quince días de mi llegada a esa ciudad, se produjo un golpe de Estado. En ese momento percibí que, en atención a la altura y al golpe, yo no podía quedarme en Bolivia por más tiempo.

Escribí a unos amigos brasileños que estaban en Santiago. Aún me acuerdo que le dije a uno de ellos..." obviamente yo prefiero trabajar en educación, que es un tema que domino relativamente. Pero si no es posible acepto cualquier tipo de labor manual, incluso de jardinero, aunque no sé hacer ese tipo de trabajo. Lo que quiero es poder trabajar y tener a mi mujer y mis hijos conmigo".

Hoy se afirma en forma reiterada que ya no existen las clases sociales. Yo no concuerdo con esta idea. Sin embargo, ese gran amigo, cuando recibió la carta en que yo admitía la posibilidad de trabajar en cualquier actividad, le explicó a otros amigos cómo sufrí yo mi encarcelamiento en Brasil, que probablemente aquello me trajo consecuencias y que por eso hacía tal petición.

Recuerdo la situación, no para criticar a mi excelente amigo, sino simplemente para demostrar que todos tenemos, habitando dentro nuestro, sin pedirnos permiso, las marcas del poder

---

1. Conferencia realizada por Paulo Freire en el Centro El Canelo de Nos el 21 de noviembre de 1991, día de la inauguración de la II Feria Internacional de la Creatividad Popular, Tecnologías Alternativas y Medio Ambiente.

de las ideologías. Se ha desparramado por América que la ideología se acabó, pero éste también es un discurso ideológico. Sólo se acaba una ideología con otra ideología, es el único camino.

Mi amigo, junto a otras personas, preparó las condiciones para poder conseguirme empleo en Chile. Yo llegué primero a Arica. Yo soy de una ciudad del noreste de Brasil llamada Recife, que es muy baja en relación al nivel del mar. De pronto me vi a cuatro mil metros de altura. Si ya era terrible sólo caminar por las calles de La Paz, andar con un libro se convertía en un esfuerzo tremendo. Por eso, cuando al bajar a Arica pude cargar paquetes me espanté tanto con mis posibilidades que llegué a gritar en portugués ¡viva el oxígeno! La gente que alcanzó a escucharme me miró asombrada, probablemente esas personas pensaron que estaba un poco loco. En Arica pasé junto a unos amigos la noche y al otro día viajamos a Santiago.

Cuatro o cinco días después tuve una entrevista con Jacques Chonchol, quien era entonces presidente de INDAP. Jacques me recibió en mi nuevo empleo, en el campo de la promoción campesina. Ahí fue que encontré poco tiempo después a Raúl Veloso, profesor de filosofía, quien se encuentra aquí presente.

ME VOLVÍ "CASI CHILENO"

Ahora, Raúl, estoy escribiendo una nueva introducción a la *Pedagogía del Oprimido* y sus veintidós años. Me acordé tanto de ti cuando hablé de nuestros viajes por el país dando clases. Recordé cuando explicabas lo que era la intencionalidad de la conciencia, la posibilidad que tenía la conciencia de captar y aprehender la realidad. La idea de algunos de la izquierda de la época fue considerar todo lo que se dijera de conciencia como subjetivismo y, por lo tanto, un idealismo prehegeliano. Y no era esto.

Pero aquí en vuestro país yo ni siquiera les pido permiso, sobre todo después de este regalo y de la explicación que Raúl ha dado del mundo nuestro. Chile me recibió no sólo a mí, sino además a toda mi familia. A Elsa, mi esposa, que lamentablemente murió y con ella casi muero yo también.

Ella vivió en forma plena Chile. A Elsa debo el descubrir la belleza en los árboles cuando pierden sus hojas, lo que para mí era horrible. Aquella fue la primera experiencia que tuve del otoño, después que las hojas caen, dejando las ramas desnudas abiertas al sol. En Brasil, cuando un árbol se queda sin sus hojas es señal de que murió. Yo asociaba lo que pertenecía a una estación con una muerte y me abatía quedarme indispuesto a la vida. Elsa me decía… "Mira, cuando estés viendo los árboles así, piensa que esto es apenas un momento en tu vida de observador y en la vida de los árboles. La ausencia de las hojas anuncia su próxima presencia". Aprendí con su percepción de las estaciones que la espera nace de la acción, sin la cual no hay esperanza.

Chile me enseñó muchas cosas. Aprendí con los amigos y compañeros chilenos como aprender también. Después llegó el momento en el que era fundamental partir y hoy vuelvo, casi veinte años después de la última vez que estuve aquí. En ese instante en el que presentía y palpaba el golpe. Hablé de ello tristemente y lo anuncié como una certidumbre histórica.

Hoy les confieso que después de dejar este país me convertí en una especie de vagabundo o andariego, caminando por el mundo, discutiendo, conversando, aprendiendo.

Me gustaría que esta tarde fuera de pura afectividad, un reencuentro con amigos. La vuelta, aunque temporal y muy cortita, de un "casi chileno", porque me volví casi chileno.

Ustedes no imaginan lo que significó para mí la tragedia que experimentó este país, siendo yo un espectador de esa tragedia. Me acuerdo que después de la debacle me enfermé en Ginebra. Me examinó mi médico. Él me dijo… "Además de la situación de Chile, tú tuviste algo muy serio. ¿Estás en desencuentro con tu mujer, en tu trabajo?" … En seguida yo le dije que no, que todo era maravilloso, mis hijos, el trabajo, todo estaba muy bien y él me dijo que todo lo que yo tenía era por lo sucedido en Chile.

Luego de esto, Elsa me consiguió una consulta con un médico suizo muy famoso y éste dio el mismo diagnóstico. Después de un sinfín de exámenes que me mandó a hacer se dio cuenta que yo estaba en otra dimensión y se sintió muy humillado. Me dijo... "Usted no tiene nada". Yo le respondí... "Sí tengo algo y es por lo que pasó en Chile". Le pagué los exámenes y se quedó tranquilo... y yo me quedé sin remedio alguno.

Sufrí mucho lejos. Encontré algunos compañeros en el exilio que trabajaron con nosotros en el INDAP. Después pasé por aquí dos veces y no volví por largo tiempo, por razones obvias y por organización de mi tiempo. Yo les digo que preferiría que éste fuera un instante para un encuentro afectivo, pero no puede ser siempre así. Me siento un poco obligado, ya que me siento un poco acá en Chile como si rindiera cuentas, haciendo una especie de informe. Esto porque las cosas más sustantivamente radicales las escribí aquí.

Ayer fui con Francisco (Vio) a mirar la casa donde escribí el libro *Pedagogía del Oprimido*. Miré desde afuera las ventanas donde me amanecí muchas veces sin dormir. Con el sol que entraba en la mañana, con los pájaros que cantaban. Me habría gustado haber entrado en el pequeño cuarto donde se discutió un texto de cómo deberían darse sugerencias para un animador. Hablamos con una joven mujer que estaba a cargo de la casa, pero ella estaba asustada, tal vez pensó que queríamos robarle. Nos dijo que no había posibilidad alguna de hacer una visita, pero me contentó el ver la casa y la ventana. En mi tiempo esa casa estaba pintada de azul... ahora ya no.

LA ESCUELA FRENTE A LA IDENTIDAD POPULAR

Yo les digo también que no debiera hacer un informe sobre las cosas en que entré como participante cuando dejé Chile pero, por lo menos, algunos puntos me gustaría tocar.

Empezaría diciéndoles que cuando cumplí 68 años, en Brasil fui invitado para ser el Secretario de Educación en Sao Paulo. Pensé un poco, lo discutí con mis hijos y luego acepté. Quería experimentar con una responsabilidad política, administrativa y pedagógica y dije sí a la invitación que se me hacía. Fue la última vez que hice este tipo de labor. Debí dejarla en mayo porque no pude resistir la falta de leer y escribir.

Había pasado dos años sin leer ni escribir. Sólo leí un libro y escribí muchas entrevistas. Las cartas las escribía mí secretaria y yo las firmaba. Después de un tiempo volví a la universidad y ahora tengo dieciséis horas semanales en la biblioteca. Eso es una cosa maravillosa, el reencuentro con los libros.

Sobre esta experiencia yo les diría simplemente que al pasar dos años y medio operando una burocracia colonial, que quita todas las posibilidades a un administrador democrático, fueron muchas las cosas que pudimos hacer. Desde reparar casi setenta escuelas que estaban en el suelo cuando asumimos la Secretaría.

Eso es un absurdo. El desgano por la cosa pública. Pero nosotros conseguimos reparar los edificios y ampliar la red escolar. Tenemos hoy día casi un millón de estudiantes y cerca de treinta y cinco mil profesores. Inauguramos un proceso de formación permanente en todos los niveles de la Secretaría, fundada sobre todo en el análisis de la práctica. Pedimos a los educadores que hablaran de los obstáculos que enfrentaban en el terreno, de la correcta comprensión de la teoría. Con esto, conseguimos en el primer año de actividad tener la mejor posición de toda la década en este campo.

Yo no sé como será esta situación en Chile, pero en Brasil existen, hablando genéricamente, dos sintaxis fundamentales, dos semánticas. Por un lado, la sintaxis dominante de las clases privilegiadas y, por otro lado, la sintaxis, en cuanto estructura de pensamiento, de las clases populares.

Hay un descaro absoluto por motivo de ideologías dominantes y por falta de preparación científica de las escuelas en relación a lo que los alumnos saben antes de venir o durante el tiempo que están en la escuela, pero independiente de ella. La escuela decreta que hay que saber sólo lo que ella quiere y desconoce la identidad propia de los alumnos y su lenguaje.

El niño usa su sintaxis, que es una sintaxis de clase, ya que es así como sus padres hablan, del mismo modo lo hacen sus hermanos y sus vecinos, que también es una categoría de clase.

La profesora pone "unos". Sin embargo, esto se repetirá porque el niño tiene muchas dificultades para aprender a leer y escribir a partir de un vocabulario que no le pertenece.

Por otra parte, hay una profunda ignorancia de los hallazgos científicos que la psicolingüística y la sociolingüística trajeron a partir de los estudios de Piaget, por ejemplo.

Los niños brasileños son reprobados y de esta forma caminan a ser expulsados de las escuelas. Esto es lo que los especialistas llaman "deserción escolar", como si los niños hubieran hecho un gran congreso y decidieran abandonar las escuelas.

Los niños son expulsados de las escuelas nó porque la profesora los odie, sino porque hay una perversidad en el sistema y una incompetencia científica, al lado de una carga ideológica que afirma que los niños populares tienen dificultades para aprender.

Nosotros atacamos esto y yo fui criticado por la prensa. Pasé dos años leyendo puras mentiras de mi persona, pero conseguimos superar el déficit terrible de las escuelas y denunciamos la falta de respuestas del Estado ante la demanda social de ellas. Nosotros tenemos ocho millones de niños y niñas en edad escolar prohibidos de estudiar, o como se dice en Brasil "fuera de la escuela". Con este adverbio se intenta minorizar lo malo del sistema.

Los ocho millones están prohibidos de entrar a las escuelas porque no aprenden exactamente la sintaxis, la ortografía llamada "oficial". Pero a pesar de todo, durante los dos años conseguimos hacer una administración democrática a través de colegiados y no por medio de la voluntad del Secretario. Probablemente yo fui el Secretario con menos poder, y por eso mismo, quien tuvo más poder, porque tuve poder con la gente.

"LO IMPOSIBLE HOY ES POSIBLE MAÑANA"

Después de dos años y medio se fueron confirmando muchas de las cosas que yo había dicho, por las cuales yo había peleado y había dejado Brasil. Cuando dejé la Secretaría yo pude decir una cosa que ahora les repito... Cambiar es muy difícil, pero es posible, no es inviable. Cambiar es posible desde que tengamos el gusto por el cambio, desde que aprendamos a leer la historia, a leer la realidad, a vivir el momento nuestro y no tengamos o esperemos una comprensión doméstica de la historia, según la cual mañana ocurrirá tal cosa porque se ha dicho que ocurrirá. No, cambiar es posible si nosotros entendemos la historia como centro de posibilidades y no de determinación ni de determinismo.

La historia no nos plantea un futuro que se queda en la distancia, esperando que lleguemos. La historia como posibilidad también implica imposibilidad, de ahí la necesidad que tenemos los que luchamos por el cambio de hacer lo imposible hoy para que aquello que no sea posible hoy, sí lo sea mañana.

Sin embargo, esta lucha demanda una unidad del aprendizaje de la historia mucho mayor de lo que uno piensa. Yo viví cosas que parecían tan fáciles de ser hechas, porque no habíamos develado aún los obstáculos escondidos por la naturaleza histórica, social, ideológica, económica, cultural, política. No se puede trabajar sin ejercitar una permanente lectura crítica del mundo, uno de los equívocos de algunos académicos, lamentablemente parece que son la mayoría, es que leen mucho los textos, pero no su contexto. No hay textos sin contextos, puede haber pensamientos sin lenguaje, pero no lenguaje sin pensamiento. El que no puede hablar puede pensar, lo que no es posible es hablar sin pensar y no es posible hablar y pensar sin una referencia al contexto histórico, social, político, donde estamos.

La lectura de la realidad lamentablemente no nos enseña a ver un montón de cosas. No nos hace ver que algunas de las euforias en que caemos no tienen sentido, como tampoco tienen sentido algunas dudas que nos aparecen. Después de estos años a mí me gustaría decirles que hay cosas que yo sigo defendiendo con la misma fuerza con que lo hice cuando estuve aquí, que defendí antes de venir, que defendí cuando tenía veinte o veinticinco años y que ahora defiendo a los setenta.

Una de estas cosas es, por ejemplo, que pienso que la naturaleza de la práctica educativa tiene la calidad de ser política, no necesariamente ser partidaria, pero si política. La educación es también una cierta teoría del conocimiento puesta en práctica. Esto es, que no hay una práctica educativa sin sujetos cognoscientes, con sujetos que pueden conocer y objetos para conocer, que son los contenidos que entregan los profesores.

ÉTICA Y ESTÉTICA EN LA EDUCACIÓN

No hay práctica educativa sin ética. Hay existencias fantásticas a nivel de la ética que los educadores no pueden pasar por alto. Hay compromisos fundamentales con los educandos y con la historia de ellos, con la sociedad en que estamos y con cierta verdad a la que aspiramos, de ahí que esta ética plantee a los educadores la creación de ciertas virtudes y ciertas cualidades, sin las cuales el educador falla.

Yo dije en un principio que reconozco una educación progresista, pero reconozco también una educación reaccionaria. Los profesores progresistas, por un lado, y los reaccionarios, por otro, tienen que seguir su ética, no es posible un descompromiso ético.

Yo discuto las virtudes de un profesor progresista y una de ellas, como contestación directa a esta cuestión ética, es precisamente la calidad o virtud de la coherencia, de acuerdo con la cual uno de los esfuerzos nuestros es disminuir cada vez más la distancia entre lo que decimos y lo que hacemos, en especial cuando ninguno de nosotros va a llegar a una coherencia absoluta en este punto.

Pero a mí no me gustaría vivir en un mundo tan cierto como este. Me gusta precisamente la incertidumbre. Cada vez estoy menos cierto en mis certidumbres, y por esta razón tengo certidumbres, porque no estoy demasiado convencido de la certidumbre en mi certeza.

Si yo fuera absolutamente coherente terminaría por no serlo, ya que no conocería el lado contrario de la coherencia. Es la incoherencia la que me advierte para que yo me torne coherente. Pero hay límites para no ser coherentes, hay límites éticos también que nos permiten hacer una especie de concesión y cuando hacemos concesión para buscar el mínimo posible de la coherencia estamos siendo políticos, que es lo que somos como educadores y no hay política sin concesión, pero más que sólo política, no hay existencia humana sin concesión. Quienes no conceden nada o que conceden todo, días después caen en la total desesperación y así fracasan.

La cuestión que se nos plantea como ética es también la forma de establecer el límite de mi límite, hasta dónde voy para que pueda seguir el proyecto que tiene fines que traspasan mis intereses personales. Esto es conceder, pero hay cosas que no se pueden conceder, por ejemplo, cosas que yo no acepté cuando fui Secretario, de manera alguna. En dos años y medio tuve tres pedidos que no atendí cortésmente, ya que para mí eran ética y políticamente imposibles de aceptar. Hay límites que uno tiene que establecer.

Otra dimensión o momento de la naturaleza del ser de la práctica educativa, que tiene mucho que ver con la ética, es la estética de la práctica. Existe mucha relación entre la estética y la ética, y hay momentos en que se unifican. Por ejemplo, difícilmente el acto de torturar a una persona puede ser bonito, nunca lo es. En esta acción no hay ética ni estética que la justifiquen. La figura, como negación radical de la belleza, escapa de la ética.

RESPETAR LA IDENTIDAD CULTURAL

Para el educador y la educadora estas cosas que yo ya balbuceé y propuse, escribí y aprendí en Chile son tanto más fuertes para mí hoy que ayer. En este y otros sentidos encuentro, y pido excusas por esta falta de humildad, que la *Pedagogía del Oprimido* es hoy más actual que cuando la escribí en 1968. Es interesante el testimonio que he tenido en Europa de pedagogos del Este, que vienen a mí y me dicen... "Finalmente puedo leerte, tú eras considerado por el mundo social como un pedagogo burgués un tanto prohibido, pero era absurdo. Había que cambiar ese modelo altamente autoritario, arrogante, al cual el llamado socialismo real vivió condicionado y que lo echó a perder". Mientras, en la otra parte del mundo, lo que era importante y positivo no era el capitalismo mismo, sino la moldura democrática dentro de la cual estaba.

Hay que comprender las características que tiene la naturaleza de la práctica educativa, puesto que tiene muchas implicaciones. Reconocer al estudiante como objeto de conocimiento es dar un paso adelante para la comprensión pura de la llamada teoría del aprendizaje, es alcanzar la comprensión del proceso de conocer, del cual se hace parte el acto de enseñar y el acto de aprender, que pasa primero por aprehender el objeto o contenido enseñado. A mí me preocupa mucho más hablar del proceso del conocimiento que propiamente hablar del aprendizaje.

Aquí en el país yo insistí mucho e insisto hoy con la misma fuerza en que no es posible hacer una práctica educativa democrática sin respetar la identidad cultural del estudiante, por lo tanto, sin respetar el censo común, sin respetar experiencias del saber ético. Lo que no es posible para un educador o educadora progresista es detenerse en el nivel del censo común, pero tampoco se puede traspasar ese censo común sin partir de él, sin respetarlo. Yo siempre acostumbro a decir que si voy por una calle en dirección de una cierta casa y descubro de este lado que la casa está del otro, por lo menos hasta el fin del milenio tengo que atravesar la calle. Puede que en el futuro haya otra posibilidad para llegar a la casa, pero ahora no la hay. Esto significa que nadie puede llegar allá partiendo de allá mismo. La única opción que tengo para llegar a un allá mañana es partiendo de un aquí y ahora.

Los educadores se olvidan a veces de que su "aquí" es el "allá" del alumno y que tienen que hacer su trabajo sin paternalismo ninguno, pero sí con respeto democrático a la persona de los educandos. Deben visitar el "aquí" de los educandos, mojarse en sus aguas culturales, en su lenguaje, para después ir más allá de su "aquí", caminando con ellos. Nuestra tarea como profesores no es satisfacernos con alumnos que llegan a "nuestro aquí", sino que lo importante es ir más allá de donde estamos, yendo en permanente búsqueda. Sólo haremos esto reconociendo dónde estamos y dónde están los alumnos. Lo que les explico lo afirmé ayer y lo afirmo hoy.

En nuestra administración existían características básicas como que, por ejemplo, no podíamos cometer absurdos como alfabetizar a los niños partiendo de las letras, porque hasta nuestros días ningún niño del mundo y en ninguna lengua partió diciendo N, S... Todos los niños del mundo empiezan hablando con palabras monosílabas. No resulta partir con un proyecto que pretende enseñar a los escolares el A, B, C, D, porque hace más de cincuenta años ya la ciencia probó que no se puede hacer.

A partir de esta imposibilidad es factible hacer todo, es por eso que nos propusimos una libertad crítica para crear y, al lado de esto, una cierta línea de acción, partiendo fundamentalmente de una labor interdisciinaria para la investigación temática en los barrios aledaños a las escuelas, para la comprensión de la identidad cultural de los niños. Hubo cosas en verdad lindas en este sentido.

Hoy día, cuando me invitan a pequeños encuentros en escuelas, quedo muy contento al ver que en el nivel de la educación oficial estoy siendo rehecho, recreado. Entonces, hablo de la temática generadora con seguridad exactamente porque se está realizando lo que propusimos. Sólo dos escuelas partieron de una experiencia creada por nosotros, quedaron muchas fuera, pero cada una ha ido planteando su programa y su propio proyecto. Este año no hubo ninguna que no tuviera su propuesta pedagógica.

Y ¿por qué sólo aceptar aquellas ideas basadas en lo que dijo Paulo Freire? Eso sería la negación de Paulo Freire, seria trabajar sin un sentido democrático en un país de tradiciones profundamente autoritarias, como lo es Brasil. Elogiamos a los profesores y profesoras que se sintieron libres para no leer a Paulo Freire, ya que no estaban obligados a hacerlo, ni siquiera a mi bien querer.

Hemos llegado a este año, el tercero, con ciento diez escuelas comprometidas en un mismo proyecto y más de doscientas para integrarse el próximo. Vamos a llegar al fin de nuestra gestión con más o menos la mitad de la red escolar trabajando estos conceptos en la práctica.

ME ENTREGO CON MI CUERPO ENTERO

Ahora vean lo siguiente... A mí me gusta la democracia, por eso estoy contento aquí. Ustedes están haciendo lo que pueden hacer en este país, hay que hacerlo y hay que pelear por la ampliación de los espacios de libertad. La libertad nadie la recibe de regalo.

La libertad la creamos, la buscamos, la inventamos exactamente en las relaciones tensas que existen siempre entre la libertad y la autoridad. Si tú anulas la libertad caes en un autoritarismo de la autoridad, pero para mí la cuestión tampoco es anular la autoridad, porque si lo haces se generan conductas licenciosas. Mi convicción es que la autoridad se hace en lo fundamental para que la propia libertad se constituya como tal.

Como padre veo hoy que nuestros jueces no son los pedagogos ni los filósofos, sino nuestros propios hijos e hijas. Mi hijo menor tiene treinta y cinco años, la mitad de mi vida. Mi hija mayor, que se llama Magdalena, es una señora de cuarenta y cinco años, muy joven, muy competente y una gran educadora. Ellos son los jueces nuestros, de ustedes y míos.

Si yo tuviera que ser padre de nuevo, probablemente mejoraría la forma de equilibrar el tiempo que dedicaría a mis hijos y a mi libertad, pero afirmando en forma radical que sin libertad no hay aventura, sin libertad no hay riesgo asumido y sin riesgos y sin aventuras se pierde hasta la historia misma.

Si renuncias a la existencia al máximo, tú ganas la vida, aunque precaria, pero si no trabajas con el gusto de arriesgarte, si no trabajas la materia que la vida te da, no tienes razón para pensar que tu existencia es más que la vida. Y sin libertad no se puede ganar la vida.

La educación debe orientarse, debe ir en búsqueda de la creatividad, en búsqueda de la concreción de la libertad, pero no tomada como punto de llegada, sino como algo que comienza todos los días. Cuando un día descubras que la libertad que tenías hasta ese momento no te basta, es porque tu espíritu tendrá nuevas necesidades que tu cuerpo consciente le impondrá.

Eran estas cosas, además de las afectivas, las que yo les quería contar. No vine aquí para hacer un discurso pedagógico, con aires de originalidad, sino para decirles que, tal como cuando viví en Chile, yo me entrego a las cosas que hago, a las cosas en las que participo, me entrego a mis estudios, a la lectura, a los libros que estoy escribiendo ahora. Yo me entrego con mi cuerpo entero, no soy sólo mente. Yo soy pasión, soy sentimiento, soy miedos, soy reticencia. Yo soy preguntas, dudas, deseos, soy utopías... yo soy proyecto.

9

PAULO FREIRE EN LOS 90

CONVERSACIÓN ENTRE FRANCISCO VIO GROSSI Y PAULO FREIRE[1]

Francisco Vio (FV): "Yo soy Proyecto", así terminó la brillante exposición de Paulo Freire en el Centro El Canelo de Nos. Antes de que Paulo Freire viniera a Santiago, hubo gente que se preguntaba acerca de la vigencia de su pensamiento en los noventa. Alguna gente lo veía y lo ve como una persona que caracteriza muy bien lo que fueron los sesenta en América Latina y en el Tercer Mundo. Sin embargo, en la presentación de ayer se pudo ver el entusiasmo, el interés de una gran cantidad de jóvenes universitarios que ni siquiera nacían en ese tiempo y que hoy día se sienten iluminados por la posibilidad de sentir una esperanza, de tener un sentido, organizar su vida alrededor de viejos y nuevos ideales.

Hoy día, la vigencia de Paulo Freire se cuestiona alrededor de un tema central. Se dice que solo hay un modelo de desarrollo en el mundo, solo un poder hegemónico, centrado en una superpotencia militar triunfante después de la guerra del Golfo, y que, por lo tanto, no nos cabría otra cosa que intentar, quizás, humanizar, si es que se puede, ese modelo de desarrollo. Se habla de que estaríamos ante el "fin de la historia". Sobre estos temas queremos conversar con Paulo esta mañana tibia de primavera acá en Chile. ¿Cómo ves tu esto de que se ha empezado a hablar del "fin de la historia"?

Paulo Freire (PF): Tú me hablabas, a propósito de un cli-

---

1. Conversación entre Paulo Freire y Francisco Vio Grossi, Presidente del Consejo International de Educación de Adultos y Director del Centro El Canelo de Nos, en Santiago de Chile, noviembre 1991.

173

ma que es legítimo, de dudas entre muchas personas que se preguntan: ¿Qué hacer? ¿Qué tiene que ver Paulo Freire con el fin del milenio, cuando él tuvo indudablemente una posición importante en América Latina y fuera de ella en los años sesenta y setenta? ¿Será que sigue algo válido? Esta es una indagación absolutamente legítima. Yo lamento solamente que después de esta indagación, mucha gente caiga en una especie de fatalismo, en que la historia se acabó. Yo me pregunto a veces si se acabó la historia, ¿qué pasa? ¿Cuál es la otra categoría necesaria dentro de la cual los hombres y las mujeres se hacen y se rehacen? ¿Qué nombre le vamos a dar al tiempo en el sentido histórico? Y parece que no lo han respondido todavía. Simplemente decretan que se acabó.

Yo te confieso que no tengo idea de mi experiencia en el mundo, no tengo recuerdos de otro tiempo histórico en que la posibilidad de sonar, en el sentido de la utopía, se afirmara tanto como hoy. Y puede que se diga, puchas ¿Paulo quedó loco? Yo desearía tener cosas más locas en mí. Los locos hacen la historia.

FV: Claro.

PF: Y la belleza también. Yo voy a explicar cómo veo esto. Se dice que no hay más clases sociales, la historia se acabó, las clases sociales desaparecieron por el decreto de la *perestroika*, como si la *perestroika* no fuera historia. Y me rehúso, y me rehúso utópicamente. Porque si sigo siendo hombre, esto es lo que yo hago ahora, frente a los que me filman, para decir a los que me verán y oirán: Yo soy hombre, la historia sigue, la afirmación de que la historia acabó es una afirmación puramente ideológica.

FV: Pero ¿qué pasó?, ¿qué pasó con este curso de la historia en los últimos treinta o cuarenta años que terminó en algo tan dramático, como que los hombres autorenuncien a ser seres globales y acepten ser seres parciales?

PF: Yo acredito tanto en la historia, en las contradicciones que nos constituyen a nosotros y nosotros a ellas, en una historia que nos hace y nos rehace mientras la hacemos. En verdad, yo no acredito que haya una opción critica deliberada, aún entre las clases dominantes. Yo sigo hablando de clases dominantes, porque acredito que si existen y puedo probarlo. Lo que pasa es que son las tramas de la misma historia: el dolor, la desesperación, la falta de esperanza, que termina llevando a ciertas épocas de la historia a personas, a grupos, a clases, a naciones, a pueblos, a un desafío más grande que la capacidad de contestar. Son estas cosas las que a veces llevan a las personas a caer en un fatalismo como explicación de su inmovilismo. Es como si fueran alcanzados por una especie de fatiga, que yo llamo *fatiga existencial*. La fatiga existencial no es la fatiga que yo tenía ayer. Ayer yo tenía una fatiga física provocada por un calor al que estaba desacostumbrado y se juntaba a una necesaria emoción por mi reencuentro en esta tierra, con esta gente. Bastó que yo durmiera y estoy muy dispuesto a hacer otro día. Pero la fatiga existencial te lleva a la desesperación. Tú miras al frente y no ves el frente. Tu no ves más futuro. Tú no tienes mañana, y al no tener mañana no hay esperanza. La esperanza solo existe cuando uno percibe y suena con el mañana. Y uno descubre que es exactamente peleando para transformar el presente como se construye el mañana. La desesperación de la fatiga existencial anula hasta el deseo de vida. Uno cae en una especie de cinismo. Digo esto sin ningún sentido ético. Mira como hay cinismo cuando uno dice, por ejemplo, ¡la educación no tiene significado, la cuestión es el pragmatismo!

Mira otra cosa interesante. Después que salió la *Pedagogía del Oprimido*, que tengo la alegría de haber escrito en Chile, yo fui criticado incluso aquí, en 1973, donde tuve una linda discusión que está grabada, con jóvenes de la Unidad Popular, y esta fue la temática central y yo probé que ellos estaban errados. Me acuerdo incluso que había un ... ¿cómo se llama...?

FV: Un afiche.

PF: Un afiche para la alfabetización. Mira, la Unidad Popular anticipaba el afiche de los pragmáticos. El afiche era lo siguiente: un hombre viejo, campesino, sentado, tu sentías la dificultad de su propia mano, y junto a el, un muchacho feliz, lleno de alegría, haciendo así con los dedos y cayendo de sus dedos en la cabeza del campesino las letras. ¡Qué cosa horrible! Yo les dije, mira, ustedes me critican que yo soy más o menos burgués, pero yo nunca hice una barbaridad como ésta. Esto no tiene nada que ver con el acto, con el proceso de conocer, es una falta de respeto. Y les dije, si ustedes tienen coche disponible manden a sacar esto del país. Esto es absurdo.

Yo me acuerdo de otra crítica que decía "Freire es una figura interesante, pero no ha dicho todavia que la lucha de clases es el motor de la historia", y un día me preguntaron y yo respondí: No lo he dicho porque no lo es. Pero la lucha de clases es uno de los motores.

Entonces es interesante, Francisco. Yo soy uno de los intelectuales que no tengo nada de que arrepentirme, nada.

Repito lo que dije con alguna radicalidad mayor que la que tuve cuando escribí *Pedagogía del Oprimido*. En este momento estoy escribiendo una reintroducción al libro diciendo estas cosas. Por ejemplo, no hay por qué negar que hay clases sociales. Es un absurdo. ¿Cómo es posible que este modelo victorioso tenga la competencia científica de convencerme que las clases sociales se acabaron? Las clases sociales no se acabaron siquiera en sociedades altamente complejas como los Estados Unidos. Yo estoy llegando aquí hace dos días y no tengo dudas que, en la cotidianeidad de los chilenos, no importa la clase, está llena de reticencias todavía, con relación al qué hacer y qué no hacer. No tengo dudas de esto y esto no significa miedo, es miedo sí, pero es miedo justificable históricamente, una vez más históricamente.

Lo que pasa es que las clases sociales existen más visibles aquí, menos visibles ahí. Y si ellas existen contradictorias, hay intereses diferentes. ¡Habría que conseguir otro nombre entonces! Pero cuando se consiga otro nombre para las clases sociales, la marca fundamental que las caracteriza seguirá existiendo porque es parte de la naturaleza del ser y de las clases. ¿Cómo no existen clases sociales si en Chile hay cinco millones de pobres? ¿Será que la problemática de estos cinco millones de personas es el lenguaje? ¿Será la concepción del mundo, la lectura del mundo? ¿Será que la belleza? ¿Será que el dolor por la pérdida de un bien amado es igual a los que viven como tú, y tú que eres un hombre sencillo? Pragmáticamente ¿qué es esto? Se diría que lo que hay que hacer es intentar, siempre dentro del marco establecido, mejorar un poco la situación ¡Yo no estoy diciendo que no se haga eso! Lo que estoy negando es que sea posible hacer este voluntarismo al revés. Porque en los años setenta hubo un voluntarismo a la izquierda, que implicaba necesariamente la resistencia o la negación total de la conciencia, y por eso fui duramente criticado. Era la negación de la subjetividad en el quehacer histórico. Se decía: no, la historia es social, se hace socialmente, la dimensión individual de cada uno no tiene nada que ver. Esto fue uno de los mayores errores del marxismo "grosero", como Marx le llamaba, y generó esta comprensión del mundo mecanicista, objetivista. Es decir, solamente cambiando la infraestructura es que tú tienes -mira que ingenuidad- en el día siguiente una nueva superestructura, y un nuevo hombre y una nueva mujer. Era magia esto. Yo me rebelé contra esto en la *Pedagogía del Oprimido*.

Creo que no puede ser este un tiempo pragmático, estamos viviendo un tiempo en que la utopía se afirma como la única salida para los seres humanos. Creo que el pragmatismo es inviable para el ser hombre y mujer.

Ayer tuve una alegría inmensa después de que hablé para quinientas personas, mucho más afectivamente que otra cosa, pero diciendo algo de esto. Un muchacho joven, chileno, tal vez de dieciocho o veinte años, de quien todo indicaba seria pragmático, vino a mí, me abrazó y me dijo un poco tímidamente, es preciso decirlo, y casi mirando alrededor para ver si alguien escuchaba: "Gracias por la esperanza". ¿Qué es esto? Gracias por la esperanza. Es que yo no fui un burócrata para hablar, yo no fui un pragmático. Yo hable del amor, de la pasión, del deseo, del sentimiento, del dolor, del miedo, de la esperanza, del proyecto. Y esto es lo que soy, todo junto. Y es esto lo que el llamado "tiempo pragmático" pretende liquidar. ¿Por qué? Porque para la mantención del *statu quo* de este modelo es absolutamente necesario que tengamos robots y no personas completas. Por esta razón, El Canelo de Nos es una respuesta antagónica al pragmatismo. Es la misma cosa que el muchacho decía ayer. Probablemente por primera vez aquel joven dijo "gracias por la esperanza". Parece hasta un poema, parece hasta un verso de la gran cantante chilena Violeta Parra. Gracias por la esperanza. ¿Y por qué un muchacho de dieciocho años dice a un hombre de setenta "gracias por la esperanza"? Lo dice porque el hombre de setenta en aquel momento tenía dieciocho años, y la invitación que yo hago a las muchachas y a los muchachos de esa edad, es que alcancen sus setenta como yo. ¿Y cómo los alcance? Porque yo rehusé siempre a la burocracia, sobre todo la mental, siempre estuve en posiciones utópicas, y la utopía no significa lo que no es posible que sea hecho, sino que significa lo viable históricamente, en cierto momento...

FV: A mí me hace mucho sentido esa afirmación tuya de sostener que lo que hubo y se cayó fue un tipo particular de forma de mirar el mundo, incluso en el propio socialismo, que era una forma de mirar al mundo mecanicista. Esto porque pretendía establecer relaciones muy estrechas entre causa y efecto, entre insumo y producto.

FV: Cambia la infraestructura y se cambia inmediatamente la superestructura; asalto el poder e inmediatamente cambia la sociedad; el Estado lo controla todo y, por lo tanto, si controlo el Estado, cambio la sociedad. En la educación eso tenía una expresión en el muchacho que colocaba las letras para que cayeran sobre la cabeza del campesino. Yo recuerdo que en la Unión Soviética me tocó una vez visitar la más grande organización jamás vista sobre educación de adultos en el mundo, que tenía millones de profesores, millones y millones de participantes, y que se llamaba *Esnania,* que significa *Sociedad Soviética para la Diseminación del Conocimiento Científico.* Me explicaban que fue creada por Lenin para que el conocimiento de los científicos y de los intelectuales pudiera llegar al pueblo y, por lo tanto, había que crear mecanismos de distribución de libros y de conocimientos para que el pueblo accediera a ellos.

Y esto lo vinculaba con una experiencia que tuvimos acá, cuando nos visitó, casi desesperado, hace dos o tres días, un diputado socialista checoslovaco que venía a Chile a buscar argumentos para demostrar a los propios checoslovacos que el gobierno de Pinochet no había sido bueno, sino que había sido malo. Cuando le pregunté por qué, me explicó que esta gente nació en un tipo particular de socialismo y, sin embargo, no aprendió a pensar. Entonces se derrumba ese tipo de socialismo e inmediatamente se van al extremo pendular opuesto y dicen, por lo tanto, vamos a seguir a quien acabó con este tipo de socialismo, que nos va a abrir el mercado y vamos a ser felices, y justifican a Pinochet.

Ahora bien, decimos que una educación humanista y comprometida con el desarrollo del hombre en sociedad está vigente. Pero al mismo tiempo, decimos que esa concepción de la educación implica incorporar valores y áreas del desarrollo que no están incorporadas.

Ello porque, tanto en el socialismo de los países del Este, como en el capitalismo actual, hay una forma de crear conocimientos y de diseminarlos, basada en la fragmentación, en la compartimentación, en la individualización. Por lo tanto, hay gente que dice que estas palabras tuyas son de tal profundidad, de un nivel tal de cuestionamiento, de piedras angulares, no ya del socialismo ni del capitalismo, sino del tipo de civilización occidental y sugieren un cuestionamiento del paradigma con que fue construido occidente, por lo menos en los dos últimos siglos. Es decir, en el pensamiento que viene de Newton, Kant y que forma la base de un tipo de racionalismo positivista que considera la realidad como un proceso de causa y efecto, de insumo y producto.

Déjeme contar una pequeña historia que quizás pueda ser útil. Recuerdo que me correspondió hace tres años ir a la India, y quedé fascinado con la complejidad, la diversidad de la vida hindú, donde conviven en un mismo país musulmanes, cristianos, hindúes. Y al final me encontré con un hindú muy sabio que me dijo: Pancho, ¿qué le pareció la India? Entonces le dije que me pareció fascinante, pero que no logro comprender como este país tan diverso, con 800 millones de habitantes, más que toda América Latina, logra mantenerse unido mientras en América Latina nosotros, no solo nos dividimos, sino que en mi pequeño país que es Chile, con 12 millones de habitantes, estamos profundamente divididos.

Entonces, la diferencia que hay entre Occidente y la India, es la diferencia que hay entre la línea y el círculo. El Occidente fue construido con Descartes, en base a la línea, a la causa y efecto. La vida es un proceso mediante el cual uno nace, casi de la nada, vive y muere, y después que muere tiene que ir a alguna parte. Entonces va hacia un Dios, que está muy lejano, que está fuera de la historia, fuera del mundo, que regula el mundo, y al cual uno regresa. Mientras en la India la figura central es el círculo, la vida está basada en las estaciones que circulan y que siempre se repiten. La vida no es un proceso en el cual uno solo nace y muere, sino que la vida es un proceso en el cual uno nace, muere y se reencarna. La dialéctica fue tan importante en la India, porque la India es dialéctica, y cualquier conversación no significa como en Occidente, que donde hay una línea, ésta es paralela a otra línea del conocimiento, sino que cuando un musulmán o un marxista conversa con un hindú, ellos pueden estar profundamente en desacuerdo, pero saben que va a llegar un momento en que tienen que establecer una síntesis de alguna manera para seguir conviviendo.

Entonces, mirando más hacia el futuro, me produce mucho sentido lo que tú dices respecto a que no hay momento más utópico que este, que no hay momento con más capacidad de sonar que este. Pareciera que ha llegado, no el momento del fin de la historia, sino que llegó el momento en que estamos frente a un cuestionamiento global de lo único que había que cuestionar, y cuyo cuestionamiento estaba oscurecido por velos que nos impedían verlo, que eran estos velos colocados por un socialismo burocrático, o colocados por palabras que si no repetíamos no teníamos el sello de revolucionarios, y ahora tenemos la libertad maravillosa de poder decir: "Debemos pensar y comenzar a pensar realmente en lo central".

Y ahí está la vigencia más profunda de Paulo Freire. Porque se plantea la base del camino para buscar la construcción de este paradigma: Tenemos que colonizar aquellas áreas de nuestro propio ser que fueron ocultadas, que fueron oprimidas durante la aplicación de este tipo de racionalismo positivista, y vamos a empezar a caminar para liberarlas. Entonces a mí me encantaría ver como tu reaccionas.

PF: Mira que cosa linda. Un checo sale de Checoslovaquia y viene a Chile empujado por una curiosidad. Una curiosidad que está al servicio de una razón política. El checo diputado, angustiado...

FV: Muy angustiado.

PF: Inquieto. ¿Terminó todo? ¿Qué pasó? El viene de tan lejos a conversar con un grupo de amigos chilenos, a hacer esta pregunta, casi inviable, pero histórica. La primera idea que yo sacaría de este viaje, de esta peregrinación del checo, es que realmente la historia no se acabó. No acabó. La historia lo ha movido a andar, a caminar, para preguntar y hacer una pregunta histórica, y no solamente política.

Ahora, yo estoy totalmente de acuerdo contigo en relación al análisis que tu hacías. Eso de que, por detrás de programas, de proyectos, de políticas, existe también una cierta forma de visualizar un mundo y de aprehenderlo para conocerlo. Y concuerdo contigo en que no había diferencia entre Unión Soviética y Estados Unidos. Eran tan positivista uno y otro, que no cabía reconocer la diferencia.

Yo visité algunos países del Este y tuve encuentros chocantes. Recuerdo, por ejemplo, que en Alemania Oriental fui autorizado a entrar, pero no tuve permiso para conversar con la juventud. Fui prohibido de expresarme. Pero tuve encuentros muy interesantes con jóvenes científicos, investigadores de universidades, que me decían que su gobierno era autoritario y reaccionario. Ellos me dijeron: "Paulo, nosotros somos realmente socialistas, pero el gobierno que está ahí es un gobierno reaccionario, antirrevolucionario". Eso escuché de toda la gente joven en Alemania cuando estuve en 1972 y 1973.

En abril de ese año, me encontré con una muchacha yugoslava en Berkeley, y me mostró un texto sobre mi obra que ella empezó a trabajar antes de la *perestroika* y fue muy perseguida por su profesor. Pero durante el proceso de estudio vino la *perestroika* y el profesor pasó a la admiración...

FV: Cambió.

PF: Cambió y empezó a pedirle a ella que le tradujera la *Pedagogía del Oprimido*. Para mí lo que pasaba era un poco lo que tu dijiste: el socialismo llamado realista estaba puesto en una moldura rigurosamente autoritaria y reaccionaria. Mientras tanto, en Occidente el capitalismo se constituye históricamente en una moldura democrática burguesa. Entonces, lo que es bueno en el capitalismo no es el capitalismo en sí, sino la moldura democrática en la cual funciona. Tú tienes más libertad para ejercitar tus derechos en una moldura democrática. Tú estás experimentando esto hoy, aquí. Yo lo experimento en mi país. Ahora, no es que el capitalismo en su esencia sea bueno. Tampoco que el socialismo en su esencia sea malo.

Muchos de mis antiguos críticos, hoy prefieren hablar del pragmatismo y olvidar su pasado de socialistas, aun cuando antes me acusaron de que no defendía la lucha de clases, lo que no era verdad. Hoy, yo sigo proclamando que mi sueño y mi utopía es el socialismo. Pero un socialismo que sea en sí democrático, y que sea puesto en una moldura, rehaciéndose siempre.

La modernidad trajo la certidumbre en la certidumbre. La modernidad trajo la certeza en la ciencia absoluta. La modernidad trajo como resultado fantástico y terrible el inmovilismo del pragmatismo. Si esto es modernidad, yo soy posmoderno. Yo estoy cierto en mis incertezas y no estoy muy cierto de las certezas.

Yo soy un hombre en permanente búsqueda de algo en que provisoriamente agarrarme con certeza, puede que demore, puede que no demore, y esto da a mi vida un sentido fundamentalmente creativo de la tragedia. Entonces, yo vivo, y trágicamente no significa que sea una desesperación. No, es exactamente esta incerteza de las certezas la que me hace una vida más que problemática, una vida trágica. Es decir, yo estoy por la utopía, por el sueño, yo estoy por un mundo que no está hecho, que está esperando ser re-hecho todos los días, y quienes rehacen el mundo son los hombres y las mujeres. Por ejemplo, yo no puedo ser pragmático en mi país con un gobierno que, en nombre de la privatización y en nombre de la lucha contra la inflación, lleva a miles, a millones de hombres y mujeres al desempleo todos los días. No tengo por qué ser dócil. Por el contrario, en lugar del pragmatismo defiendo una pedagogía de la indignación.

FV: Entonces, lo posmoderno de Freire y de esta corriente es muy fuerte, porque implica una capacidad de construir una pedagogía de la incertidumbre, una pedagogía de la deriva. De aprender a vivir y a gozar en esta pedagogía a la deriva, en este vivir a la deriva, que al final es igual, porque uno cree tener certeza y seguridad en la sociedad moderna y nunca la tiene. El camino de construcción de un nuevo paradigma, que pueda permitir un avance posmoderno está vinculado a este reasumir la incertidumbre, que por lo demás, está muy vinculado a la democracia... y democracia es incertidumbre...

PF: Es incerteza, es coraje, es valentía, es riesgo. Es importante esta cuestión del valor de la incerteza en cuanto motor de la búsqueda y en cuanto a la negación del inmovilismo. Porque la certeza absoluta te inmoviliza, no te angustia, tú ya no dudas y cuando uno no duda, no sabe, ni siquiera puede re-saber.

Ahora mira, yo entiendo históricamente lo que sufrieron las generaciones de Chile, lo que sufrieron las generaciones de Argentina, Brasil, Uruguay, Bolivia, Perú. Yo entiendo la dramaticidad, lo trágico de la experiencia histórica. Lo que yo no acepto, lo que yo no sugiero, es que pongamos un velo sobre la realidad viva, crucial, que está ahí, diciendo que la solución para enfrentarla es pragmática. Yo acepto que uno diga, en forma táctica, que no puede decir muchas cosas. Táctica e históricamente yo no puedo hacer lo que hice en 1970. Reconozco que la tarea de mi generación es una tarea de quienes esperan. Pero lo que no acepto es que se diga que éste es un momento diferente, que este es el fin de la historia y que, en lugar de historia, vamos a tener de aquí en adelante pragmatismo. No, esto me parece que es una forma de esconder una verdad que hiere. Es un neoliberalismo que pretende exactamente el pragmatismo. Que los intelectuales asuman esto, hablen de esto, escriban sobre esto y convenzan a las masas populares de que es pragmático que sigan con hambre. No, no es pragmático: es inmoral, es injusto.

La educación es diferente ahora, con nuevas formas. Por ejemplo, ayer quedé encantado cuando tu me hablaste del proyecto de "La Mesa"[2] que tiene que ver con el proyecto de los grupos de estudio de Suecia, y con la práctica mía de los años sesenta de los círculos de cultura. En el fondo, son hermanos estos proyectos, en momentos y espacios diferentes. Yo hice esto en los años sesenta. En Suecia, se lleva a cabo hace no sé cuánto tiempo y ustedes lo hacen ahora.

Me parece formidable, pero no es pragmático. No es un intento de abrir la cabeza del pueblo para meter mi utopía dentro. No. Es un llamamiento para que, en torno de la mesa, en seis sesiones, se piense en un problema. Esta es una forma nueva y, al mismo tiempo, vieja de hacer educación en un contexto diferente. Yo he encontrado en (el Canelo de) Nos esta apertura a un nosotros. *Nos* en portugués es nosotros, es una indicación a nosotros, a una vida comunitaria, a una recreación del mundo para lo que la educación es muy importante.

---

2. "La Mesa" es un proyecto de educación de adultos inspirado en los círculos de estudio suecos. Consiste en la creación -por tiempo definido- de grupos de estudios sobre los más diversos temas con una metodología participativa. Este proyecto ha sido desarrollado desde 1991 por el Centro El Canelo de Nos, donde se puede obtener mayor información al respecto.

SOBRE LOS AUTORES

Carlos Calvo Muñoz
Doctor en Antropología Educacional.
Correo: carlosmcalvom@gmail.com

Silvia López de Maturana Luna
Doctora en Pedagogía. Profesora del Departamento de Educación,
Facultad de Humanidades, Universidad de La Serena, Chile. Correo:
silvialml@gmail.com

Jorge Osorio Vargas
Docente de la Escuela de Psicología de la Universidad de Valparaíso y Asociado al Programa Disciplinario de Educación de Jóvenes y
Adultos de la Facultad de Ciencias de la Educación de la Universidad
de Playa Ancha, Chile.
Correo: josorio.humanidades@gmail.com

Rolando Pinto Contreras
Doctor en Educación. Profesor asociado al Programa Disciplinario
de Educación de Jóvenes y Adultos de la Facultad de Ciencias de la
Educación de la Universidad de Playa Ancha.
Correo: rolopintocontreras@gmail.com

Graciela Rubio Soto
Doctora en Educación. Docente del Instituto de Historia y Ciencias
Sociales de la Universidad de Valparaíso.
Correo: graciela.rubio@uv.cl

Francisco Vío Grossi
Doctor en Sociología. Director del Centro El Canelo de Nos, San
Bernardo, Chile.
Correo: fviogrossi@vtr.net

Guillermo Williamson
Doctor en Educación. Profesor Asociado del Departamento de Educación y Director del Magister en Desarrollo Humano Local y Regional de la Universidad de La Frontera, Temuco, Chile.
Correo: guillermo.williamson@ufrontera.cl

Adriano S. Nogueira e Taveira
Doutor em Educação e Curriculo. Miembro del Instituto Paulo Freire, Sao Paulo, Brasil.
Correo: palavramundo@gmail.com

Alfredo Ghiso
Educador popular, docente e investigador. Miembro fundador del grupo de investigación Laboratorio Universitario de Estudios Sociales Facultad de Derecho y Ciencias Políticas. Docente en la Escuela de Postgrados de la Fundación Universitaria Luis Amigó, Colombia.
Correo: amghiso@gmail.com